倒數年代

劉曉頤著

文學叢刊

文史哲出版社印行

國家圖書館出版品預行編目資料

倒數年代 / 劉曉頤著. --初版 -- 臺北市 ：文史
哲，民 104.07
頁；　公分（文學叢刊；350）
ISBN 978-986-314-261-4（平裝）

855　　　　　　　　　　　104011081

文 學 叢 刊 350

倒 數 年 代

著　　　者：劉　　　曉　　　頤
出 版 者：文 史 哲 出 版 社
http://www.lapen.com.tw
e-mail：lapen@ms74.hinet.net
登記證字號：行政院新聞局版臺業字五三三七號
發 行 人：彭　　　正　　　雄
發 行 所：文 史 哲 出 版 社
印 刷 者：文 史 哲 出 版 社
臺北市羅斯福路一段七十二巷四號
郵政劃撥帳號：一六一八〇一七五
電話886-2-23511028・傳真886-2-23965656

定價新臺幣三八〇元

二〇一五年（民一〇四）七月初版

ISBN 978-986-314-261-4　　09350

倒 數 年 代

目　　次

推薦序

心靈之歌

認識曉頤是近一年的事，從臉書之友到文友到乾坤詩社同仁，很快就在文學的領域熟稔起來。但也僅僅如此了，其他方面都是從臉書版面上的認識，慢慢知道她是個好媽媽、好太太和一個稱職的年輕家庭主婦，還是一位熱血的基督徒，熱心而天真的寫作者。

曉頤在大學就開始創作，得過兩次雙溪文學獎。曾得過當時由野葡萄文學誌主辦的飲冰室獎「我心中住著一個詩人」散文第一名，但當月野葡萄就宣布收刊；也曾在未來書城寫過一套書，可是不久出版社就被併購，書就此寂然了。聽起來蠻悲情的，但俗話說：「事不過三。」希望沒有類似第三次的衰事了，因為她是如此好，如此積極，如此天真。

最近聽說她要出一本叫《倒數年代》的散文集，收錄過去數年，大部分是聯合新聞網閱讀藝文的專欄，上面發表過的散文。因而藉為其寫序的機會，先拜讀大作，至為欣喜。

《倒數年代》分為四輯：「屬於 WD，永遠的擊壤歌」、「那些年，我困惑的」、「書，影，聲，光」、「我心有所愛，不忍讓世界傾敗」，多為對青春愛戀的追憶、閱讀與看電影心得、與對甜蜜婚姻生活的絮語等等。茲舉數例，略見其文字功力：

　　一、曉頤的文辭優美、常常運用成語與古典意象，讓文筆更見其深度與廣度，例如：

魂魄不曾來入夢。只不過思君令人老，歲月忽已晚。武陵人忘路之遠近，轉眼間我們都不再青春了。（借屍還魂）

從此，我什麼都不怕。卻又樣樣都怕，風聲鶴唳，宛如驚弓之鳥。（借屍還魂）

　　二、曉頤也善於自我調侃，讓人更見憐惜；其行文亦多有如喃喃自語般，彷彿與自我靈魂的對話，例如：

或許由始至終我唱的都是獨角戲。（W.D 絮語）

一起跌跌撞撞地成長後，如今，我們所背負的是共同的十字架了。

夢中我們遇見天使。醒來時，發現依然彼此相愛。（十字架上的思念）

只是我太不爭氣，畏怯、無厘頭，一如當初妳恥笑的那個無能的我。

還是想說妳一聲，傻瓜。其實是說我自己。（傻瓜，情敵）

2004 年，我來到文學大師那裡工作，開啟了一扇憧憬，與一道問句：「知識焦慮，或許某方面是青春焦慮的一種移轉？」（青春焦慮）

好像，我也一直到現在，才明白妳活著的純真。
妳，傾注了妳的一生。（蒙馬特遺書後事紀）

三、曉頤文筆感情豐富，甜而不膩、甜蜜自然，直抒胸臆，例如：

老公，有時候我嫌你電話多，有時又急著找你，老公老公，你在哪裡？「我在妳心裡！」隔空喊話，隔水呼渡，音質卻那麼清晰，好像就在我心裡。（愛要在最美的時候說出口）

新的一週早晨，他上班，我頂著香菇頭寫稿，刻意揚動幾下，感受暌違的懷念觸感，甜蜜宛如孕期羊水化胎。想像，沙場上的丈夫正躲過一枚流彈，又驚又慶，每個表情都飛揚灑落。（屬於夫妻的烽火綺想）

四、曉頤文筆常常顯現憂而不傷，而又多見愛心、信心與希望的浮現，例如：

莫名悵然。這些年來，我沒什麼偶像了，是成長也是滄桑。（我們的瓊玲佳人）

文學是人生的昇華，然而，在人生裡，不管補充再多文學都抵不了耗弱的速度。傷害是如此真實，我們都說願意勇敢。（我們的瓊玲佳人）

「愛神、愛人、愛自己，永遠盡心盡力。」我在 21 歲認識神那年，日記寫下的句子。現在，我又重新渴望那樣的活，真真實實的，樂觀有信念的活。熱情的活。不怕受傷。（不能專情則難以專注）

以刻痕為記，跌跌撞撞往前走。我們約好的，永遠不絕望不放棄。（這世上，依然有人善良如你）

曉頤的《倒數年代》一書，有追憶、煩悶、憂傷、痛苦、歡樂與甜蜜，彷彿是我們每一個人成長的心靈之歌，內容充實，行文流暢。娓娓道來處，常常又讓人陷入那故事的情境，似乎我們就是那逝去青春裡的主角般，經歷那些值得回憶的，無怨的青春。

《倒數年代》一書的文辭優美、常運用成語與古典意象，讓文筆更見深度與廣度；也常顯現憂而不傷，愛心、信心與希望的浮現。因此，希望曉頤繼續努力筆耕，帶給我們更多心靈的饗宴。

曉頤說：「相信麥子不死，相信低到泥土裡會開出花。」期待文字如麥種，撒到泥土裡，秋天時，我們將會有滿滿的豐收！

劉正偉（學者詩人）

我需要很多很多的愛

　　等到所有人都散去之後，才明白這場球賽輸得多麼徹底，連一絲安慰都沒有，只留下那株雀榕擺盪著巨大樹蔭，篩落一地陽光，光線像海，海波很重，極其緩慢而巨大的律動，有一片刻，以為腳跟離了地，以為不必再忍受那些嘲諷，卻終究還是讓眼淚氾濫成災。

　　許是阿凱沒有發揮該有的外線準度，或者阿富膝蓋受傷經不起撞，又或者海哥一時大意……無論如何，大字型躺在籃球場上看望低空掠過的戰鬥機，空氣炸裂，彷彿心底也炸開一個洞。

　　彷彿，事事物物都成了碎片。

　　但也正是一個人躺在這裡，才真正感受到：光燦燦的碎片的全部組合，不正是畢業前夕最後一場球賽至為值得記念的所在？那些一直以來被拋在速度以外的落葉、雲堡以及其他……那些眼前盤旋的蜻蜓、突如其來的鳳凰花，以及翩飛的蒲公英 ── 「啊，有風。」似乎可以聽見誰這麼說，好似這個盛夏還像濱海公路一樣長，而我們的青春已然結束。

　　但我們的青春真的結束了嗎？

　　閱讀劉曉頤《倒數年代》的當下，腦海裡不斷浮現的約莫是這樣的句子：「愛之瞬忽，青春惘然」。在這本劉曉頤

的第一本散文集中，區分的四輯恰都可置於「愛」與「青春」的脈絡裡加以解讀。無論是輯一「關於 WD，永遠的擊壞歌」、輯二「那些年，我困惑的」，再再處理著的恰是攸關青春的時光命題：我們如何可能挽留青春？如何可能叫住年少？而輯四「我心有所愛，不忍讓世界傾敗」，標題已然揭示作者初衷：「我愛過一個真正正直的人」，至於輯三「書・影・聲・光」固然類如品評文本之作，但同樣可納入「愛」的範疇加以看待。

　　所以，WD 成為把握青春也傷逝青春的重要象徵，而困惑的那幾年則成為發光的永恆記憶。那些戀人絮語式的篇章、私密手札式的書寫形式，意味著這將是一本向內看的「私我」作品，展現在同名篇章〈倒數年代〉中，淋漓盡致的反覆辨證著時光與青春與愛的對位關係：

　　「朝如青絲暮成雪。屬於我們的長大，來得很晚，面臨失去所愛而後要畢業了的尷尬處境，如此惶惑無辜，我們二十幾歲就怕透了時光流逝，晚熟如我們在還來不及長大的時候隱約間有種即將要老掉的感覺。」

　　瞬間的青春與老去，這是所有創作者初出作品必然涉及的書寫核心，使得閱讀《倒數年代》彷若不斷聽見滴答滴答角落裡「惘惘威脅」的計數。我們不知道在哪個時間點又要下了錯誤的決定，導致「這輩子不再相逢」；我們也清楚不該歸咎於人，卻又忍不住說：「我想我會變成這樣都是你害的」；也當然，我們最後終於放棄那些虛華了，決意「靜靜的生活」。

　　然而，《倒數年代》既名之為倒數，在等待最終時光到

來的同時，書中已然透露：這將不是終點而是起點。這樣的書寫策略，恰是以「小說式散文」聞名於日本的向田邦子處理作品的絕技：「為了保有祕密，必須盡其可能的捍衛自己以存活。」反之，也正是知曉祕密，「在那謎題解開之前，已經沒有任何期待的可能」。從這個脈絡切入，劉曉頤無寧更接近前者，但她並不捍衛自己，而是珍視青春，以及在那脆薄年歲裡的愛之種種。

　　這本作品充滿了星芒萬丈般的騷動，也充滿了地下室手記式的熾熱與交心，閱讀過程中，屢屢使人忍不住停下來思索：當時的自己究竟是怎麼回事？當時的愛怎麼了？為什麼一段情感沒辦法繼續？為什麼青春這麼艱難？如果重新來過，我們之間還有可能怎麼走？

　　「我需要很多很多的愛。」或許是這本書的潛台詞，但從倒數的反面來看，也可以視作「我需要的愛越來越少」。

　　劉曉頤在篇末的〈你這女子中，極美麗的〉如斯寫道：

　　「死過的人，活著不會再只為自己……終於我一無所有。挺著因厭食症後遺症而經常不適的身軀，不時纏綿病榻；毫無成就，甚至連基本工作也沒有。彷彿失去了世界，卻得到生命。這個剔透生成的生命還在漸次綻放階段中，肌理覆蓋一顆懂護惜會感動的心，糅合清朗的笑與溫潤的淚……」

　　我以為這是她創造本書的初心，也是完成本書之後的頓悟。

　　作為她多年的朋友，我總會想起這些年來發生在她身上許許多多或悲歡或苦樂的經歷，那是從部落格邁向臉書、從紙本閱讀進入低頭族的種種過程，這一刻，它們全收入本書，

成為流轉遞嬗時空中的珍貴記憶與創作。

　　這一刻，那場球賽早就結束了，但屬於劉曉頤的時間才正要啟動。我深深祝福她的第一本作品，期許她來日繼續側耳傾聽，那些細微的，隸屬於 WD 乃至困惑的、親愛的、悲傷的，最最深處的聲音。

　　「安靜也是需要追求的。」詩人楊牧說。

張耀仁（小說家）

迷糊的紫苑

　　紫苑花巧而纖細，但是繁華的生命力不俗於市井繁花，輕盈不華奢得猶如花中的精靈般，簡雅隨意。它總是繁簇星點灑落在細絲嫩葉之上，雖然時而性情過於直率，但是卻簡單與純粹；雖然時而曲解人意或是憂於人言，但是卻又生氣蓬勃，簡單又不失典雅。看似柔弱，卻又堅毅滿志，細節的枝骨，看似脆弱纖柔，但是又能隨強風吹拂大雨颱霖；雖如田間野雛，卻又更有自身氣節，不失自身蓉姿。

　　紫苑見似賞物性味歸經：苦、甘，微溫。歸肺經，經淬鍊洗切、晒乾、烘乾，微火燒炒鍋悶可治痰多喘咳，新久咳嗽，勞嗽咳血，潤肺下氣，祛痰鎮咳，抗菌抗癌，花諾雛菊卻用途全然不同，生花雖無多大功效，但經淬鍊卻可成一藥理，此為焠轉，如日數載，雖無名功，但卻保有真性情與純樸單純嫩枝，雖總是以繁星之態欲蓋其珍材之效，卻仍脫凡點興華於眼前，而鵲見市笙井羅。

　　這本猶如花典般的文集，所呈現的雖不是一般常見能懂的詞語，但是纖細而描繪的文筆，枝枝如扣，將一紋碰枝點點編織而成可載人可渡雨可升炤、可足履的多樣貌的生活用品。這些生平日常，在過往的年代，存在並且為生活帶來喜悅便利，因為點滴繁枝雖然獨枝不成氣候，但是經過時間心

血的交織交疊，會將其功能變化，讓你我得悅。當你我在未成氣候前，一點一滴如滴水能穿石，如嫩芽出土，再假以時日光潤甘露，漸漸姿樺茁壯，曉文滴點匯集如冊，諸字釧華如身與衣，戲鑼翩宵諸語珠璣，舞煥天降承鋒銳見。

從開始到成冊，這中間有許多的轉折，也一直聽見一句話：「我覺得我不夠好，我能出書嗎？」這時候曉頤跟我認識不久，雖然我們的開始是因為我看不慣她的某些行為，還有一些自己從來沒有過認知或成長的惰性；雖然一開始她總是找了千千萬萬種的理由想要逃避，但是最後被說服了。

事實上因為她的真性情，也牽動著我。我的畫曾經因為不被看見，而常常一下子畫一下子停，然而在她積極籌措中，我不得不說，因為你都那麼認真努力了，我總不能在時間到了的時候卻什麼都拿不出來。或許因為我們彼此牽動彼此，所以開始了像是老師學生的作業模式，每週或是每幾週交什麼東西，事實上有些時候人總是會沉迷或是被自己的惰性給帶著走，但是我們彼此間相互影響、成長。雖然中間也有不愉快及為了不能認同對方的作法或是態度而爭吵，但是我們總是希望能給對方我們想給的或關懷或是注視。

就這樣，初稿在今年二月前後終於完成，接著又因為我的畫展開始讓曉頤轉移注意也趁機偷懶休息。

直到三月我的第一次畫展結束，終於說服曉頤踏出第一步，不要畏懼不要怕失敗的往外走。因為人生中有許多的嘗試，也有許多的第一次，如果沒有那一步的開始，我們不會成長不會茁壯，也不會遇見更多人、看見更多事。

因為這樣的互相牽動，這本集結多年陸續發表的散文結

集，終於在千呼萬喚下成冊。

　　當你打開這本散文集時，請不要急著看完文字後就翻到下一頁。輕輕地閉上你的眼，想像那些文字，想像那些時光。把你的感情，重新的與曉頤重疊，字字去體會她的文字 —— 不只是成句的美，而是諸字諸字都有其含義，諸字諸字都透露著生活的意境與生命中的體會與成長。打開你手上的鎖鑰，一步一步從開始到禮堂從草原到殿堂，從學生到工作，從心而外，然後按下你心中的讚，給這個在文學裡初生綻放的紫苑花女孩，給她鼓勵與支持。

郭訓成（畫家）

16　倒數年代

屬於W.D，永遠的擊壤歌

從最起初的悲愴至今，十年前那句青春悲壯驕傲的宣告：「我愛過一個真正正直的人。」語氣雲淡風清，笑容和唁歎一樣清淺，這句話的內容，一個字一個字，不能絲毫遞減。

綠色花羽・煙花般的水仙

花之舞‧繁生跳躍的綻放

末日騷動

從最起初的悲愴至今，十年前那句青春悲壯驕傲的宣告：「我愛過一個真正正直的人。」語氣雲淡風清，笑容和嗟歎一樣清淺，這句話的內容，一個字一個字，卻不能絲毫遞減。

只因為那是，不管用什麼樣的音節發出來，無論慷慨陳辭還是氣若游絲，都不會改變的內容。就像，無論是一個真實吐納活著的人，或者一則雋永失傳的故事；無論眼前令人熱血追逐，還是逝者已矣餘音繚繞，抑或是，徹底掩埋在記憶的劫灰。或許都不重要。

又像我們的青蒼史。我們都曾熱血崇拜，漸漸長大，可能認清可能愚忠。無論如何畢竟我們長大了，好多意義的取捨須要斬斷須要宣判死刑，執著過的，或有意或無意忽焉忘了抑或是無暇顧及的，一咬牙決意割捨的，意義如山不敢或忘的；那麼明明不想卻老記得的那些呢？或許會是更深層的悲哀，因為，我們竟然弄不清了！不斷成長，遺留在背後的彷彿跟不上我們；想要記取的那些無法磨滅純淨恆一無二，始終無力不使之嗆上遭逢的劫灰，結果發過誓要珍視逾恆的，最終究竟都混濁了，無論以哪一種事出無奈的方式或憾痛。

可我，十年來：

「我愛過一個真正正直的人。」無論以哪一種口吻，無絲毫更改猶豫。

　　有一種全人類的內在悲哀質素，關於物傷其類，物慟其種，或者說哀其不幸而恨其不爭。哀我族類，或者說笨得連做人都不會，不屑靠攏又無法灑脫，有時我憂忿而蒼涼，有時戲謔當好玩，有時又很忠厚地包容，就像本質上沒有理由的和平吸收接受，植物性天然含養吐納舒放。

　　然則更多時候是，苟得其情，哀矜則勿喜。悠悠滄海，有時我們都會有種莫名恍惚錯置感，像是村上龍的書名「到處存在的場所，到處不存在的我」，又像《挪威的森林》結尾渡邊在公共電話亭一心一意呼喚著綠，當綠問他：「你在哪裡？」渡邊卻回答不出來了。那樣的海沙，那樣的聽風的歌，那樣的夏天，描圖紙逐漸錯開再也對不回原來的樣貌，那樣的真實的錯置。

　　（而我，自從闊別 W.D……）

　　（回音問：你們是誰？我是誰？我們是在一起的嗎？在哪個地方？）

　　W.D，在你我的流域，不經意地描圖紙一錯置，我的人生地標就亂了。

　　一個錯身，十年回首，為什麼，至今我還找不到一個那麼好的人？我所謂的好，是人煙罕見絕無僅有的那種，不是印象派追思派或苦情派，我真的愛過，一個真正正直的人，傻呵呵地笑，頑強地流淚，生起氣來總像是自己被欺負般的悲憤，堅持的事軟弱起來會唉聲嘆氣，無論如何卻總不放棄，不回頭，死絕也不吭聲。十年了，小樹會成長茁壯，少女會成人婦，初生之犢會變得畏虎，豪情壯志會剪斷羽翼，而我們所堅持的呢？最初的描圖紙移位到哪裡了？結果我們發過

誓的要珍視逾恆的，最終究竟都混濁了，無論以哪一種事出無奈的方式或憾痛。

我的人生流域亂了，而你、還在嗎？

你還駐守在原地嗎？匍匐跟進的同時，堅巨如你，是否也已目盲耳背？親親如晤，如晤如握，W.D，自從闊別了你，人事人寰之間不復爭辯的的劫灰嗆痛我幾百回了，沒有你的守護，這才發現、自己是如此稚弱難堪。

或許你仍駐守在原地。

而我如此勢均力孤，赤手空拳，帶著你所遺留的追想記憶，重新辨認這世界。不是說好了彼此相愛嗎？是誰還信任著誰？理想、信念、愛，理想國、烏托邦、虛構與紀實，是誰還信任著誰？還有誰會痴傻等候、有誰還會為了另一個人出去打下一片天？誠信、公義、世間無上的憐憫；行公義、好憐憫、存謙卑的心，這是神話、童話抑復謊話？

可我無意政治。我不懂，為什麼無意於政治權謀的我，每天不用轉開新聞頻道，閉著耳朵，依然還是會聽到無數神話、童話、謊話？誰希望被催眠。人性的危脆、天生的少根筋令我三天清醒兩頭醉，那些信口歷歷的夢話尤其令我留連。最甜蜜的夢話是信仰，絲毫無涉於金權，只有天地混沌初開的蒙昧美善，愛與憐憫，一切回歸到初造時的純良剔透。有理想就有挑剔，有標準就有定罪，有公義就有不義 —— 結果，我們最常看到的不是公義彪炳，而是不義定罪。

恍惚間，你還是不回頭，死絕也不吭聲。

風在動。你我早已錯身。描圖紙再也對不回原點。

「你會聽懂那隱喻。」　　　　　—— 聯合新聞網

借屍還魂

乍見某人，一點都不覺得跟我的 W.D 有絲毫相關，誰會想到，借屍還魂這種事，會架設在遠為俊美閃亮的軀殼上呢？尤其那層出不窮的鬼扯花樣，會笑的眼睛，大大逸出於 W.D 的沉默情懷。光影側動，W.D 的吉他歌聲永恆呼吸存活，至今我聖經套裡收藏的他那張英文作業紙，即使早已不具意義，我還是抽不掉。也或許真正不朽的不是 W.D，而是我們一起共度的，那一段陽光歲月？亮得如今我都睜不開眼，困惑之餘只有不停的傻笑。

漸漸發現，原來那人也挺會傻笑，或許連他自己都沒發現吧。公認的慈眉善目，眼睛還會笑，很自然令人聯想到「春暉」、「小太陽」或者守護天使、醫者父母心等這之類的形象。W.D 是情操深長、耿直不悔的屈原，即使對於只是順手撿起的漂流搖籃，卻挺挺肩腰都不彎一下，堅毅的擔負起一段生命的成長。「勇敢不是天不怕地不怕，而是即使怕，也依然去做。」他常常對我說的。

有時候還邊刷牙邊吐泡沫跟我電話這樣說。當年他刷牙的地點在男舍，那裡的會客廳我很熟，陳舊的沙發椅上我們認真討論過很多事，他的大手伸出來覆蓋我，望著我說我們是親人。那裡的一個老實的房客傻呵呵欣賞過我，總是靦腆

笑，他們一起畢業，當天我們共同的母校裡我分別獻上一大束花，那房客笑得好靦腆好興奮，其實我只是想送給 W.D，不過煙幕彈那種小小計倆罷。畢業季總是艷陽高照的，典禮完經過男舍，遇見一票會友剛笑嘻嘻聚餐完，於是就在門口應景合照，W.D 彎腰笑得異常開朗，我躲在後面抱著一個可愛的姊妹，躲藏著沒什麼型的長直髮，藍色連身洋裝，卻很土的搭著白布鞋。「這是妳？」「這是妳喜歡的人？」很多人發出驚嘆。

　　悠悠生死別經年魂魄不曾來入夢，啊啊 W.D 這些年來我似乎還沒夢過你，倒是我夢小介夢得快瘋了！關於小介，W.D，離去以後，那段苦遇你大致聽說，再後來，我就結婚了喔，跟你沒看過的男生。當初我們要結婚，身邊很多人擔憂反對，倘若你也在身邊，以你這杞人憂天個性，一定第一個反對吧？W.D，你這雞婆個性，我八百年前就摸透。

　　W.D 你這婆媽深情正義仁慈，我早就熟悉透澈，向來你不殺伯仁，惟伯仁因你而死。

　　魂魄不曾來入夢。只不過、思君令人老，歲月忽已晚。武陵人忘路之遠近，轉眼間我們都不再青春了。

　　直到最近，發生要命的借屍還魂事件，餘悸猶存的我連連惡夢。夢的不再是小介，而 W.D 你，本來早已無份量，頂多一絲叩絃聲，杳杳然音猶在耳，緊接一段驚濤駭浪的苦戀，來不及驚呼地覆沒那微不足道的吉他歌聲；豈料現實才是驚天動地，那雙愛笑的眼睛，像我的 W.D 一樣渾厚悲憫的原始沉默情懷，不但代替 W.D，更甚而成為我的燈塔，令我又感恩又驚悸，水深火熱翻攪不已，忽悲忽喜似生猶死。

　　輕與重、靈與肉，《生命中不能承受之輕》提出永劫回歸論。W.D，你曾經含辛茹苦一手帶起來的我，至今，在這回歸歷程中，你，恐怕，縱使相逢應不識！W.D，你說過我最單純，但你知道，分別之後，我逞過多少心計、又如何一敗塗地嗎？你畢業典禮上那個藍洋裝白布鞋獻花的女生，後來人不人鬼不鬼地搞得面目全非，那樣的面目，你敢認嗎？

　　隱然於胸，深情而孤意。

　　那樣的險惡心機，你敢想嗎？出於你所熟悉的我？

　　彼此背過身以後。你和我天天彼此禱告的同伴在一起，漸漸陷入彼此家庭不認同的苦戀，現在修成正果結婚沒呢？我困頓逃走的那年，生日那天你在生我悶氣，慶生會上悶悶不說話只談吉他，別人起鬨問我生日願望，我倒吸口氣，擠出微笑說，我希望，認真學習愛神、愛人、愛自己。在那之前，我剛從主領的聚會上落荒而逃，你很生氣。然後說完生日願望，我又顧著逃了。

　　你追過我，可是我著了魔，一當你面，就只能哭說不了話。漸漸你無力了，反問我到底要怎樣，我才說「我感覺……」你就也激動嚷：「妳感覺、妳感覺，能不能不要什麼都是妳感覺？！」那是我們最後一通溝通破裂的電話，我至此害怕地掛了電話，註定從此是末路。

　　從此，我什麼都不怕。卻又樣樣都怕，風聲鶴唳，宛如驚弓之鳥。

　　這樣的悲悽與昇華，是我的精神號誌。可是，為什麼你這樣的人，我以為獨一無二只存於精神世界的形象，卻會發生借屍還魂？要命，W.D，歲月隔空好多年，現在你居然就

這樣借屍還魂了 —— 如今又屹立在我面前，換一副軀殼，做我的燈塔，保護我，引導我，我好怕，一步步又會像從前，而最終情何以堪。

　　輕與重？永劫回歸？究竟是我著了文學的當，還是文學反映人生呢？會因為一個音符而流淚，一個惻隱而動顏，那麼沉默的情懷，那麼誇陳而又內隱的方式，隱然於胸，深情而孤意，是你還是他？

　　抑或，是我自己？

—— 聯合新聞網

於是，這輩子不會再相逢

　　W.D，我幻想過很多次與你相逢的場景、形式。最初我所想像的相逢，是你結婚。那時我們分隔還沒多久，想像還很耽美，我幻想在你婚禮上，代表你的妹妹出來獻花給新娘，我們會相視而笑，默契盡在不言中……

　　是的，我摯愛而永恆的 W.D，你是一手帶我成長的兄長，在你我都還青稚容易受傷的歲月，你一邊蹣跚、又站穩，一邊攙扶跌跌撞撞的我，挺住挺住再挺住，軟弱而又堅毅的直視著我對我說，我會是你的驕傲。

　　而我又懵懂又感動，亮出小指頭跟你打勾勾。跟你一起成長，自此是我的夢想。自此我一直都在尋覓一種如兄如長的形象。你的吉他和歌聲，自此是我所追隨。在我們分別之前，我還聽到你的吉他和歌聲。那次你歌聲異常沉鬱，悶悶的你用力彈唱，響亮得我心痛了。這時你在想什麼？你向來清揚的風格為什麼乍然驟變？

　　是因為，別離的時候到了嗎？

　　明明是我先逃了，卻惶惶然一如被棄。如今想來，我的倉皇，你何必那麼在意？你的軟弱，我又何必那麼受傷害？

　　這輩子，我們不會再相逢。指尖劃過如歌的行板如水的歲月，靜靜的倒數。不會再相逢了吧，一道古老蒼涼的手勢，

出於你曾經覆蓋我的掌心溫度。然而，當我想到那段跌跌撞撞、清純如水的歲月，想到那麼真切存在過的歌聲溫度，想到你曾疲憊憂傷卻又那麼堅毅的挺住對我說，勇敢，不是天不怕地不怕，而是，即使害怕依然去做。

　　於是於是我明白：無論彼此背過身之後以後，我們各自選擇了哪一條歧路，跌倒、爬起、再出發；無論遺忘了多少，無論成全或崩悔，透過安靜的倒數過程，我們相信彼此依然以各自相悖的方式努力著，於是得以重新體認到幸福的標記，就像從未改變從無離別。我摯愛永恆哀傷逾恆的兄長，若非你，我不會懂得信念之單純壯大而單薄不堪，時而荏弱如壓傷的蘆葦，卻又柔韌得百折不斷，野火燒不盡。每天都有一次的破曉。只要有朝陽升起，你我就會被紀念，過宥就會被寬恕。縱使有晦暗罪性，只要抬頭，眼睛就會被照亮。

　　如今我勢必鼓足勇氣。

　　於是，我終將是你的驕傲，即使你看不見了。

　　　　　　　　　　　　　　　　　── 聯合新聞網

W.D 絮語

1

闊別 W.D 以後，我開始會無意識地倒數清寂的滴答聲。一曲既終，深怕延續古墳的記憶然又懼於遺忘，而我終究無能滕改暈染的架空浮痕，水墨氳氤，每次忍不住回望，江上數峰依然青悁。

2

於是我踉蹌地明白，宿命性的又踅回原點了。

3

是你先自以為善意的鬆開了手，不料我掩面遁逃，但怯懦如我必然會旋身拾遺，偷偷摸摸，抬望眼，猶見你惘然呆立。手已鬆開。手心空空。握緊是空無，放手則擁有天空？你是我的兄長前輩，必較我聰明穎悟。現在你的手溫焐熱著誰呢？雖然難免會猜想，然我確實無干亦無感；一點也並非矯情或者說大話，因為，打從一開始，我在乎的就不是這個。

4

說起來大概沒有人相信，我珍重的由來只是兄妹童話。

5

幻滅令人成長，瞠雪令人目盲，滄桑造成的不是蒼老就
是退化，於是我既工於城府又痴呆如童女。現在，我再也不
要見鬼的什麼兄妹童話，我要的愈來愈多卻也愈來愈無謂，
我要愛人，要玩伴，要婚姻，要自我，還想要不能要的。痴
呆柔弱以退為進，闊別數年刮目相看，那些我幾乎全都要到
了！可是，又欣慰又悲哀想哭的，同時我也發現，事實上，
我真正要到的，或許正是我早已唾棄的那最初的單純冀望：
兄妹童話。

（在這沒有童話的年代。）

6

地老天荒，灰飛煙滅，瞬息即永恆，永劫回歸相近於永
世不得翻身，咒語發生於你鬆開手掌的那一刻。

7

「妳長大了。」這是我聽過最甜美的一句話。一樣的溫
存，只消換個時空，便可能在乾坤挪移的幻術之下成為毀滅
性痛感。過了那麼久，我那麼努力地變了一個人，為什麼這

句話要再讓我聽到？欲潔何曾潔，我最純潔的夢，髒了；云空未必空，我不再戒色，自以為高明的利用過去所渾然無他的無邪質感大放漫天煙幕，豈知，竟還原了我最不忍看的重演戲碼。

8

曾經的驚天動地，終將會雲淡風清。玲瓏剔透的浮水印V.S.血肉糢糊的鬧劇。

9

或許由始至終我唱的都是獨角戲。

10

咒語發生於你鬆開手掌的那一刻。同樣一句甜美無邪的兄妹對話，終成回歸似絮語。

風聲鶴唳。

要鬆手了嗎？我又要失去了嗎？

（如果是，快點吧。）

—— 聯合新聞網

沒有原諒，何來和解？

　　W.D，究竟是你蒼老了、是我太久沒看到你，是記憶中的你美得失真、還是當年我的動心確已超乎表象？

　　我沒想到，相隔好幾年，可以這樣無預知的遇見你，而且還是你彈吉他唱詩歌，我最感動的樣子。可惜聽不真切。或是我沒認真聽。只覺得膽壯多了。不知道是不是因為身邊有所庇護，在你面前我終於又感覺自己是健康的，抬頭挺胸地，應了我許久以前幾乎遺忘的願望：拉高起來茁壯起來，好與你坦然平行。

　　（現在才倏然驚覺，哪有平行？你明明站在高台上。）

　　是如今絃音寂然，還是我根本沒認真聽的關係？曲畢，你坐在前排座位，傾向後座我們這裡的方位，若沉默若有所思，我感覺自己有點悸動了，竟然猜測起你是不是看見我。好吧就當你有看見，我好想知道你在想什麼、有沒有那麼一絲嗐嘆？即便只是一絲一縷一抹脈息，有沒有呢？

　　無論如何，確實我沒有認真聽。你山高水長的彈吉他唱詩歌側影稍縱即逝，不道流年暗中偷換。曲終人不見，江上數峰青，先行離席時我倉卒而無半點不捨，心上盤旋的淨是些無關風月。

　　你是我心目中不朽的聖像，不敢或忘，不可言說，深怕

弄壞。

　　（然則所謂不朽又何懼於此？）

　　現在，想起你，依然需要勇氣。

　　W.D，我真的沒有怪過你嗎？雲淡風清咕噥自問，停頓間生死幾百回合，清濁共治，悲欣交集。是的，我想我沒有怪過你，W.D，我哪來資格怪你？沒有，我想我沒有怪過你，W.D，我只是怪自己太失敗，竟然有本事連你這麼好的人都背離！（也或許，你從未想過離我而去，是我自己先走……）只是，如果沒有嗔怪怨怒，又何來傷害、何來療癒、何來重新來過一次的勇氣？如果沒有原諒的機會，又怎麼與我心目中的你和解？

　　向來直溜溜藏不了祕密的我，之所以在最後關頭言不由衷，或許便是在我無法面對自己如此失敗的時候，最後的心機了。

　　的確，分別之後，我開始會要心機，只不過要得笨了點。男人哪，要長得好一點，流氣一點花一點……這些在在與你相反，而今驟然與你相遇，你的質樸無飾反而瞬間令我不知所措；我想，或許當年都怪我太沒心機了，我想我會變成這樣都是你害的。

　　「人必自侮而後人恆侮之」，從此我緊抓住這句格言，可是又不斷的做著自侮的事，像被這句話的咒詛攫住。

　　「我不能再自侮了。」現在，我又一次對自己說。可能也正是犯賤的時候吧。

　　PS. W.D，現在寫這篇文，本來是意欲跟你、跟我自己和解的，想不到卻扯出另一樁心事。

── 聯合新聞網

十字架上的思念

教堂。十字架。黑暗權勢。悲愴國度。

天光裡的容顏。水裡的星魂。

這一切，有可能重合嗎？

親愛的朋友，請昂首與我並立，因我們成了一台戲，天使和眾人都正觀看。你的笑容因為淚水而顯得真實，而這裡是光，每向前一步，你身上的暗影會更深。這便是你所選擇的嗎？我們甘冒狂徒之譏站出所謂奮勇的姿態，卻不敢稍稍分神，唯恐一旦留意到自己不知不覺地懸空沒有前進的餘地而寧死不願後退⋯⋯一切始料所未及。你我的卑怯是呈現也是展示，你還不後悔嗎？

我們昂首並立，在一切還來不及明白的時候，我們已經相會了。親愛的朋友，我一直都了解你。我希望你在我身上看見的，並不是我為你營造的光影。

淚水真實，苦難真實，而我們從不為殉道而殉道。聖經中，彼得三次不認主，在雞鳴時分衝出去哭的心情，你能了解嗎？如果你透過我所看見的是我所為你營造的光影，那麼，我便是為殉道而殉道了。親愛的朋友，我所奉獻的不是別的，因此我甚至容許所謂愛與美在我心中靜靜地死去。我說過我將微笑著祝福黑暗就如同祝福光明，破曉了，悲傷卻

還沒終結，你失望了嗎？我所奉獻全部，是我在光與影中真實扎根的生命，包括我所有的軟弱與黑暗。

回頭看，依然是你滿臉溫暖的淚水，在我們共同成長的生命裡，無限美好綻放。親愛的朋友，若非謙卑，沒有人能見神。我有我的傷害，你也有你必須掩護的疲乏。一起跌跌撞撞地成長後，如今，我們所背負的是共同的十字架了。

夢中我們遇見天使。

醒來時，發現依然彼此相愛。

正是在這些貧乏與傷害中，我們都被買贖了，喪鐘敲響的時刻是我們的黎明。

—— 把手探進我的傷痕，然後你會知道我是誰。

你我合而為一，探進同一道傷痕而握到了彼此的手，教堂裡的歌聲唱亮人世間悲愴的幸福。彷兮惚兮，死生契闊。一切有可能重合。

一切都將會重回。

聽說過一日如千年，千年如一日。親愛的朋友，若非恩典，沒有人能謙卑。正因，此處荒蕪，故此而純粹。這一刻，我們的童駿走過天涯，區區一刻，時光停驛在人世間任何一個模糊耽溺的年代。唯獨我們的童駿走過天涯，滿臉淚水才能溫暖如最初。你我都必須要承認，在我們不為人知的內在黑暗裡，必然都還有著荒蕪的地帶和無知無感的虛妄成分，否則我們無須拓荒、無須如此辛勤了，是不是？一日如千年，千年如一日。你我竭盡一生也永遠無法自居於十字架上的聖潔，最後，我們相偕獻上所有的軟弱；這就是我們的奉獻。十字架上，我們將彼此思念，山高水長。

　　我曾為你營造過光影。浮光一現，掠影一現。回頭看，孑然一身，無所尊榮，我甚至來不及殉道。親愛的朋友，這便是我的悲哀，雖知尊榮以前必有謙卑，但我不過是釘死在罪中。倘若這世上沒有律法，便無所定罪，無所謂屈辱，是不是？倘若這世上沒有苦難，也就找不到犧牲。然而，屈辱是真實的，苦難也是真實的。我真真實實地經歷著失敗，可以有很多藉口但都是多餘；謙卑是精神而從非實質，為謙卑而謙卑的美德裡沒有生命。倘若這世上沒有律法，無所定罪，當然也就無所謂救贖和尊榮。親愛的朋友，你看見我的軟弱，而在我人性深處更深的黑暗，你還沒看見。那麼，你能夠了解了嗎？確實我所能夠做的一切都不在自己，枯竭的也不過是你我自身的有限。當你我身在痛苦，生命依然尊崇而高貴。倘若你在我身上看見的是我所為你營造的光影，那麼如今你將會失望於一切都是虛妄，包括一切可歌可泣的悲壯歷史，包括有血有淚的使徒精神，包括十字架；你將分不清是奧祕還是弔詭，並且：

　　「以上文字，純屬虛構。」

　　親愛的朋友，我們一起跌跌撞撞地成長，滿臉淚水依然溫暖如最初。我確實失敗，確已枯竭，確已釘死在罪中，醜態畢現，並且還有更深的黑暗隱含在荒蕪地帶；我們將繼續拓荒，探進同一道傷痕緊握住彼此的手。你當著我的面轉身，而我了解你，親愛的朋友，這裡是光，每向前一步，你身上的暗影會更深，可是無論被視為一種呈現還是展示，你都沒有後悔；即使不由分說地被定罪，即使你是如此軟弱而無法微笑，即使在你最困惑的時候，你始終沒有後悔。

　　你一直是個軟弱者。

　　這就是我所深愛的你。

　　因此，我明白了自己的一無所是而只能獨自承擔這一切，我所不堪負荷的屈辱。這就是我所要背負的十字架。或許我無法再給你什麼，然而，至此你了解了嗎？我所要背負的不是別的，不是任何精神或情操，而是只屬於我的十字架，包括軟弱與黑暗。

　　確實我們都還有所困惑。我們各自轉身，前往不同的方向去尋找。回頭看見彼此跌跌撞撞摸索著行走不時還會不支倒地，難免偶爾也會懷疑自己所付出的是什麼；然而，在這同時，彷彿卻又明白了這就是神所要的捨己。

　　親愛的朋友，我將看見你的黑暗，我將愛你。

　　你我竭盡一生也永遠無法自居於十字架上的聖潔，但我們都在努力。親愛的朋友，你的淚水好溫暖。光影一現，我們無所尊榮，於是我們學會了不再自義。當我們衰微，我們將看見的不再是彼此營造的浮光掠影，而是光與影中真實扎根的生命。當我衰竭，當你轉身，我們卻開始背負共同的十字架了，淚水與笑容重合，苦難與犧牲重合，天上地下，一切重合。

　　笑容在軟弱者的臉上，如同夢中遇見了天使輕喚以馬內利你轉身離去 ——

　　親愛的朋友，我看見了恆長。

—— 雙溪文學獎散文組第二名

獨　白

一、

「昨天，我又夢到她死了。

她死了嗎？

她的死，是一種預謀。可是，她真的知道自己死了嗎？

她不知道，世界已經結束了。」

他喃喃說著。

跪在她的床前。

（那是他私密的聖壇。）

執起她冰冷的手。

（擘餅、交接。）

「就好像妳永遠不會知道，我將永遠為妳贖罪。我很痛苦，同時，我又很幸福。因為，妳已經是我的神了。」

望著她，淚光泛現。

她閉著雙眼，蒼白沉寂。

世紀末的混沌無知。

她沒有死。

但是，他殺了她。

或許，他殺了她，反而給了她永生？

（「無知的人哪！你所種的，若不死就不能生……」）

「或許，妳會問我怎麼贖罪，我會永遠背負我的罪，永遠為妳贖罪下去。雖然，妳的上帝說人的罪已經被買贖了，但是，對我而言，惟有背負我的罪，我才能得到救贖；惟有在這種痛苦中，我才是幸福的。」

贖罪，是這世界延續的方式。

他笑了。

她什麼也不知情。冰冷的唇，緊閉的雙眼，蒼白沉寂的一張素顏。

素艷流轉，顏如舜華。她不是她，他也不是他。

她是他的神祇。

他是她的信徒。

他們一起超越生命的範疇。

或許，這正是他所選擇的存在方式。正如克魯東所說：「存在乃是完美無缺的。」

從此以後，再也沒有人能夠將他顛覆。

包括他自己。

包括她。

「妳知道的，我的世界原本脆弱得不堪一擊，不斷地遭到顛覆，不斷地重新建設，顛覆、重建、顛覆、重建……到最後，可能破壞得什麼也不剩。」

盯著她。

她是他的神祇。她什麼也不是。

「幸好我還有妳。妳知道嗎？沒有妳，我就一無所有；有了妳，我就一無所缺。我說過，妳已經是我的神了。」

俯下身，輕輕地吻了她。

快樂地嘆口氣。

總之，他是一無所缺了。

即便是一無所獲。

他深愛她，如同信徒們熱愛他們的上帝。

上帝，她所信奉的真理絕對論。在真理的統攝裡，意志之於表象，唯心之於唯物，永遠是相對的存在。

一切都是透過一個絕緣的意識在運作。

包括一切的絕緣體。

也包括上帝。

（他的聖壇是私密的啊……）

他所擁有的是一個完完整整的世界。曾經聽她唸過聖經上的句子：

「因這十字架，就我而論，是世界已經釘在十字架上；就世界而論，是我已經釘在十字架上。」

他為她背起了十字架。

他不惜釘死整個世界。如今，他是個最忠烈的信徒了，他是如此堅定於她，沒有過去，也沒有未來。記憶中的黑暗權勢，已經釘死在身後，從此以後，再也宰制不了他。

淒然而笑。

「沒有人能像我這般的愛妳，當我愛上妳的時候，我是已經孤注一擲了！那些支離破碎的部分，我已經將它們釘死了，我要給妳的是一種永遠都最完整、沒有人可以分割的生命！」

擁她入懷，眼底淚光一閃而逝。

一如她胸前永恆的十字架。

擁著她單薄寒涼的身軀，他所擁有的是溫暖豐盈的幸福。這是屬於他們的永生，他與她一同超越生命的範疇。

他殺了她。

他終其一生地贖罪。

「昨天，我又夢到她了……」

二、

「昨天，你又夢到她了嗎？」

他沉默。

「還是那樣望著你微笑？」

他點頭。

「你仍然認為那是一種預謀？」

他沒說話。

世界已經結束了。

「這一次，你說話了嗎？」

搖頭，說不出話。

她注視著他。

「或許，你只是來不及說話，又忘不了她，因為那是她的預謀，你注定了黑暗。而我，也在那個預謀中嗎？」

歎口氣。

她默然了。

十字架的光芒一閃而逝。

彷彿又看到那純真燦爛的笑容。轉瞬即逝。

「或許，是我使那個黑暗再度地擴大。」

她輕輕地走開了。

默立。他什麼也來不及說。

似乎永遠就只能如此。

即使夢中，他也只能維持默立的姿態。被動也好，無情也好，他是說不出話了。

他沉默地望著她。

「你的幸福是我唯一的希望。」她對他微笑。

深邃恍惚。

是另一個她？

許多事他不明白，卻總來不及多說。她為他綻放純真燦爛的笑容，心無城府地告訴他，她為他而活，她很快樂。

他卻看不見她眼底的疲憊。漸行漸散。

分明是她結束了世界，卻又覺得是他早一步地發現了她的預謀。他沉默地窺探她進行著預謀，她只得藏匿於他看不見的透明地帶。

她的預謀，在於世界的憑藉。弔詭的成分，隱匿著無所不在。

於是，他開始會夢見她。之後，他便收到她的絕筆書。沉默之間，一切彷彿未曾改變過。

他甚至來不及死去。

她愛他，只因他是他。

他之所以是他，只因他在她眼中活著。

世界並非為他而存在。

在上帝眼中，一日如千年，千年如一日。他不是信徒，

卻不知為了什麼，當他在教堂發現到這個預定了上千年的規則，他哭了。

世界的憑藉，來自於弔詭的成分。來去之間，卻沒有方向可言。

就是這麼在教堂遇見了她。美麗渙散的笑容，袖珍本聖經，胸前銀色十字架。她撥了一下長髮，濃密深沉的色澤遮住了臉際。

彷彿微笑了一下。

在這生與死的匯口，他認不得她是誰。

是另一個她？是她的預謀？

無論如何，他是在她面前流過淚。

宛若重生的幸福與悲哀。在這生與死的匯口。

或許正因是再此時此地，他覺得他和她都已經被世界遺棄。複沓的夢境一再重現，他甚至有著光怪陸離的錯覺，她走了，夢來了，她死了……他有種強烈想要看清她的欲望。

「一粒麥子若不落在地裡死了，仍舊是一粒；若死了，就結出許多的子粒來……」聖壇前的牧師宣讀著人所皆知的經文。

她死了。

她死了嗎？

坐在會堂中央，她垂斂眉眼，安靜得像不認識任何人。

仍是預謀吧！否則，他不會又遇見她。世界結束了，那些複沓的夢境也就都無以為繼。

世界總有存在的方式。

無論如何，他是遇見了她。

　　他一再地夢見她。她對他微笑，素手捻熄人世間最後的一瞥，而他總看不清她。似乎，她的眼神很憂傷。他很慌，說不出話。

　　弔詭的悲哀……

　　她來了，手裡握著袖珍本聖經，掠了一下長髮，腕際一道怵目的血痕。

　　顏色轉暗。

　　他推了她一把，跌跌撞撞地走開。

　　美麗渙散地一笑。

　　「或許，是我使那個陰影再度地擴大。」她說。

　　而他只能沉默。

　　他們都虛妄地活著。

　　光痕轉暗。夢裡，她寫下最後一行絕筆。

　　「這只是人世。」

　　無所謂人世的冷眼。教堂、悲愴國度、生與死的匯口……

　　她死了。人世的冷眼，水裡的星影。黑暗的救贖、天上的星魂。這一切，都有可能重合嗎？

　　當她微笑，這一切都又重回了。在她笑容的救贖裡，他又經歷了滄桑。

　　夢裡，他沒有說話。

　　如果，他開口說了話，還會有劫難的回歸嗎？世界存在的方式，僅止於此？

　　十字架的光芒一閃而逝。

　　人子之死？人子復活？

　　捧著聖經。

「祂一次把自己獻上……永遠得救的根源……」

斷續拼湊的真理。兩千年來的斷續回歸。

永遠的救贖，在於永劫回歸的世代。她死了。然後，她來了。

如此而已。

窗影流轉。她斜靠著他，在他臂膀上含混不清地睡著。他在她依偎的觸感中感知自己愛著她。

車速跌宕。這是一個感知的世界，如此而已。

他沒有說話，她含混不清地睡著。什麼時候，當她永遠地沉睡，他將長久地說話。

綿綿不斷地絮語……

在永劫回歸的世代過去了之後。

每當他感知自己愛著她的時候，他會發現她細瘦的手腕上又多了一道血痕。這道血痕將會轉暗，而她美麗渙散地一笑，並不打算解釋些什麼。

他將憤怒地推開她，不開口說一句話。

她醒了，對他毫不知情地笑著。像個純真無邪的孩子。

和那許多道傷痕無關，和過去以及夢魘也都無關。她完好無缺地走進教堂，在那裡與他相遇。

「嗨。」

淡淡地打著招呼。飄忽的眼色，安靜單薄的笑容。光影慵散，她微微一笑。

和那些紛沓重現的夢境無關，他覺得她只是個不涉世事的孩子，純真無邪。

和她的美麗渙散也都無關。

　　她的悲劇，並不在於人世的悲愴。在他發現她的手腕上多出一道血痕之後，她醒了，對他毫不知情的笑著。

　　霧色裡，溫柔稀薄的光度。如此清新婉好。

　　關於那些預謀呢？

　　「不想睡了。」她低語，約略轉動腕上寬粗的錶帶。

　　如同她的掠髮，看起來只像習慣性動作。

　　要揭發嗎？和那些預謀有關嗎？他狠狠的盯著她。和另一個她有關嗎？

　　他沒說話。

　　推開她……

　　他又夢到她死了。

　　「我無法再為你而活。」

　　望著他微笑。

　　「世界不是為你我而存在。」

　　純粹虛空。

　　直到捻熄人世間最後的一瞥，他仍沒有看清她。或許，沒能看清她，是因為他太急著要說話。但是，由始至終，他慌得說不出話……

　　記憶中，她的笑容很單純。純真無邪地虛瞇著眼角，心無城府地告訴他，她為他而活，她很快樂。

　　「我無法再為你而活。」

　　世界並非為他而存在。

　　突然發現，他一直都很孤獨。一切都是透過一個絕緣的意識在運作，包括一切的絕緣體。

　　也包括上帝。

「其實我不是孤獨一人，因為有父與我同在。我將這些事告訴你們，是要叫你們在我裡面有平安。在世上你們有苦難，但你們可以放心，我已經勝了世界。」

牧師的聲音悠悠忽忽。

勝了世界？

她專注地在傾聽。

世界已經結束了。

捻熄人世間最後的一瞥，他就此失去了她。

不再在她的眼中活著。

是她的預謀吧！她使他的存在透明化，開始了輕飄飄不著份量的回歸歷程，於是，他遇見了另一個她。救贖中，他又經歷了滄桑。

因為她的預謀，他一再地夢見她，而她自己卻不知道，世界已經結束了。

在上帝眼中，一日如千年，千年如一日。這畢竟是預定了上千年的規則。

或許將有那麼一天，他將明白世界的憑藉。也或許會有那麼一天，他將再度失去她。

「我們若信耶穌死而復活，那已經在耶穌裡睡了的人，上帝也必將他們與耶穌一同帶來。」

他在她面前流過淚。

她用關懷得近乎悲憫的眼神望著他，一言不發。

他在她眼中活著。

曾經相信，存在是完美無缺的。並非基於對任何人、任何事的信任，他知道自己在她眼中活著，這樣就好。

在他找到幸福的時候。

他們之間，確實有過幸福完整的時代。

那是屬於他們的純真年代，無所謂過去未來。他夢想著屬於他們的永生關注，夢想著她清新婉好的笑容千年如一日，純真無邪。

床榻醒來，他為她戴上小小的銀色十字架。光影慵散，他在她無欲無求的雙眸裡，看見了千年。

完美無缺的年代。

「我不會再這麼做。」她低微的聲音近乎哀求。「真的不會了，好不好？」

推開她。她垂斂著眉眼，被棄般憂戚無告。

終究是沉默不語。

還是到了沉默的時候。他感知他愛著她，而她腕際多了一道怵目血痕。他將憤怒地推開她，或者，她將輕輕地走開。

美麗渙散地一笑。

事實上，那不過是對於外界的貧弱感知。沒有所謂千年如一日，在她的眼眸裡，也沒有什麼深邃空靈的成分。他開始懷疑，他真的在她眼中活過嗎？

她不過是個貧弱者。

他一再地夢到她死了。從之前，到她留下絕筆書，到他再度遇見她。當他的存在透明化，他經歷了救贖與滄桑，來不及等他明白世界的憑藉，恍然發現，原來，已經結束了。

純真無邪地一笑。

世界早已結束了。

剩下的，只是捕捉透明延續的方式。他將綿綿不斷地絮

語，在這世代結束了之後。

「你還是說不出話嗎？」

夢裡，她問他。腕際汩汩湧著鮮紅的血液。她純真無邪地虛眯著眼角，彷若千年如一日。

徒勞伸出雙手。他說不出話。

夢裡，她寄給他一封絕筆書。這是一場單向的告別儀式，內在的荒蕪本質。如夜暗不辨顏色。

純粹的本體，在於虛無的本質。她純真無邪的虛眯著眼角。他看不清她。

無法透視的黑暗虛空。

他睜開眼。

「你醒了？」

纏綿地吻著他的眉梢。他甩甩頭，有點茫然。

她溫柔地注視他。

「又夢到了？」

他沒說話。

歎口氣，移開目光。她點上菸。

「剛才我在看聖經。不知道看了多久，還是覺得裡面的東西好遙遠，難以跟這個世界連結在一起，我試著禱告，上帝卻好遙遠，我總是喃喃自語……」

輕輕吐出煙絲，濾嘴點染唇膏的色澤，如此鮮豔病態。

像她手腕上的傷痕，他不追問，她也不再避諱。靜靜地過去。

素豔流轉，顏如舜華。不過是一種耗竭。

十字架光芒閃逝。無關人世的悲愴。

　　或許，可以是過往雲煙。她放下聖經，撫觸他被汗水濡濕的額角。

　　「或許你會跟別人一樣覺得這種自我安慰的尋求沒有意義，但這是我安身立命的方式。要說是徒勞也好，妥協也好，人不能以自我意志抵抗生命的必然。」

　　順著他額角的髮絲，清新婉好地笑了。輕輕地吐出煙絲，無關人世的悲愴。他想起教堂的初遇，想起她的完好無缺，想起她是那樣安靜得像不認識任何人，而他在她面前流過淚⋯⋯她走了、夢來了、她死了⋯⋯

　　在那生與死的匯口，他與她相遇。

　　在她告別他之後。

　　「想過要死，已經好多次了。我不知道我究竟是不能死、無法死、還是不敢死？我總是孤軍奮戰，在這世界上，所有的人，還有上帝的愛，都距離我好遠⋯⋯我總是孤獨地在抵抗，我很累⋯⋯」

　　他閉上了雙眼。

　　滅絕般的黑暗虛空。

　　他說不出話，默然，睜開眼，世界已經結束了，弔詭地週而復始。她熄了菸，緩緩地走向窗口，然後，就在那裡，植物般一動也不動。

　　像株永恆的植物。

　　斜陽入窗，光影慵散。他一動也不動地站立，恆長清新婉好。

　　直直望著她，第一次，他望著她入了神。

　　窗影間，溫柔稀薄的光度。

　　沒有過去，也沒有未來。宛若抽空。

　　「我想，我終於得救了。」

　　他開口說話了。

<h1 style="text-align:center">三、</h1>

　　「我想，我終於得救了。」

　　「妳感知不到妳的神，但是，妳卻是我的神了。」

　　他喃喃說著。

　　許多年代已經被遺忘，她長久地沉睡，像株永恆的植物。

　　胸前依然閃著銀色十字架光芒。

　　（不朽的聖壇標誌？）

　　永生的世代，來臨了。

　　「當妳永遠地沉睡，我便會長久地說話。永劫回歸的延續結束之後，也就是永生。」

　　撫著她的黑髮。淚光泛現。

　　「救贖是相對於劫難而存在。永遠的救贖，相對也就是永劫回歸。我尋找過世界的憑藉，卻發現贖罪是世界存在的唯一方式。孤軍奮戰了半天，原來，世界早已結束了。這種悲哀，妳能懂得嗎？」

　　透過她，眼神遙遠得沒有邊境。

　　彷彿是一種遺失。夢裡，她很遙遠。

　　他又夢到她死了。

　　「我又夢到她死了。這一次，她很遙遠，她遙遠地告訴我，世界早已結束了，我將再度失去她。可是，她的預謀再

也設計不了我，永劫回歸的世代已經過去了，從此以後，不會再有劫難的回歸，我不會再失去任何人……」

神色轉為急迫。

「妳說，我想的沒錯，是不是？」

沒有回音，空蕩蕩宛如凍結。

她沒有死。

她是一株永恆的植物。

十字架的光芒一閃而逝。

「最可惜的一點是，我再也看不到妳的眼神。或許妳不知道，我一直是在妳眼裡捕捉存在的方向。不過，或許也沒什麼好遺憾，貧弱如妳，我始終不曾在妳眼中活過。那麼，做我的神吧！世界不曾為妳我而存在，不管是相對於妳我而言，這都是最好的安排了。」

對著她微笑。

她已經是他的神了。

仿造人的形象，他賦予她生命氣息。（上帝的子民，肅立！）這是屬於他們的永生，耗竭的生命氣息。完美無缺。

「我終於得救了，我得到幸福了，從此以後，沒有人能再將我的世界顛覆我不會再失去任何人……」

撫著她沉寂的容顏，無比溫存緩慢。

突然間一陣悲哀。

「遇到妳，彷彿是死生契闊。她死了，然後，妳來了。妳完好無缺地走進那個生與死的匯口，我們的悲哀發生了交會。我不能把妳割捨，但是，我卻那樣地恨過妳的貧弱！」

他流淚了，如此深刻地懺悔。

　　他是那樣地恨過她的貧弱。正因她的貧弱，預謀如火如荼地進行，吞併了他的存在，甚至是整個人世。（畢竟那時她還不是神……）

　　然而，也僅只是人世。世界結束了，從此以後，只是捕捉透明延續的方式。自她死後，開始了輕飄飄不著份量的回歸歷程，弔詭地週而復始。在那生與死的匯口，愛恨其實並不重要。

　　他卻渴求過救贖。並且，曾經在她無欲無求的雙眸裡，看見過千年。

　　她手腕上的傷痕忽隱忽現。

　　愛恨其實並不重要。

　　「我想，我不會再耽溺於妳。」

　　喃喃如夢囈。所有貧弱的成分，都已經耗竭。

　　轉瞬即逝。

　　「越是恨妳，我陷得越深。貧弱如妳，然而我們的悲哀確確實實發生了交會，像宿命一樣不能避免又永無止盡。原諒我選擇這樣的方式，我不能把妳割捨，就像妳離不開妳的上帝。」

　　流著淚，懺悔地吻她。

　　畢竟，曾經有過完美無缺的年代。

　　他願為她孤注一擲。

　　冰冷的唇，緊閉的雙眼，蒼白沉寂的一張素顏。

　　她不再鮮豔病態。

　　他為她背起了十字架，所有支離破碎的內容，都已經釘死在背後，從此以後，再也追逼不了他。

永劫回歸的世代……

完美無缺的年代……

那是個遺失的時代。

執起她冰冷的手，腕際的傷痕顏色已經轉暗。多少個年代已經被遺忘？複沓的夢境，不再具有任何的意義。

如今，夢裡是另一個她。她純真無邪地虛眯著眼角，告訴她，他將再度失去她。

腕際汩汩湧著鮮紅的血液……

「預謀！那是預謀！預謀轉為謊言的形式！」

閉上眼，攫緊她冰冷的手。

沒有回音。

永劫回歸的世代過去了之後，時光凍結如冰河。他是如此深愛著她，如同信徒們熱愛他們的上帝。在永生的範疇裡，沒有過去，也沒有未來。

想起她的敬虔……

綿綿不斷的絮語。

夢裡，她向他告別。他說不出話。

她走了。

她來了。

「……我試著禱告，上帝卻好遙遠，我只是在喃喃自語……」

當她永遠地沉睡，他將長久地說話。

至於她的預謀，那已經是很久以前的事了。如今存留的，只是空虛殘剩的泡影。然而，已經無法吹滅了。即便是虛設，也只能維持原來的樣態。

無論如何，不會再有所謂的回歸。

是最終的時刻了。

「妳是我的神。」

跪下，仰望她。

神格化的愛……

純粹的本體，在於虛無的本質。

無法透視的荒蕪虛空。

「我愛妳。我將不再耽溺於妳！」

最終的宣告。

猶如夢裡的她，這是一場單向的告別儀式，內在的荒蕪本質。她是一株永恆的植物，而他將長久地獨白。

他長久地獨白。

她清新婉好的笑容千年如一日。

泡影……虛設……

在那生與死的匯口，他與她相遇。然後，他殺了她，終其一生地贖罪。那是個完美無缺的年代，不會再回歸。

無法回歸的淒迷舊歲。

捻熄人世間最後的一瞥，他就此失去了她。最終的宣告之後，他問她：

「不會再重回了嗎？」

死去。

不再復生。

十字架的光芒一閃而逝。他想起他無欲無求的美麗渙散，無關人世悲愴的鮮豔病態，她走了，夢來了，她死了……

「這只是人世。」

夢裡，她寫下最後一行絕筆書。

渾身發冷，驟然一聲狂喊。

他不再耽溺於她。

他還是失去了她。

　　　　　　—— 雙溪文學獎小說組佳作

那些年，我困惑的

那些年，跌跌撞撞。
常常我充滿困惑，複查投降的動作。
其實無一刻妥協。

花流‧啟

康乃馨・交織的流光

情　信

　　臨逝前的光，幽微中總有點曖昧的味道。弔詭的是沒有一點昏昏幢幢迷迷爍爍的鬼影。薄透的清淺霧色，叢葉裡受傷掩蓋而又那麼乖馴逸出的光度與質感，明明疲軟如垂暮，回歸到頭，反而稚弱如新生。

　　樹叢下，用這種躺臥的角度一仰而視，萬葉之間，有影有光有風，充滿的正是那種溢美且俗不可耐的臨終意象。大家闌珊零落地踅在未紅先衰落的楓葉地上，到處散當作應景，我雖無意扮演斯人獨憔悴的可憐俗角，卻還是埋頭哭了個纏纏綿綿。

　　或許天生便是個俗角色。

　　這是我給你情信的開場白。何時我將見主面呢？任何時候，主的呼召都是一個愛祂的信徒最美的憧憬，但這並不表示我無愧於祂，而是：

　　我盡力了，親愛的你和各位。

　　（也真的是很累了，寧可在世間不留靈魂。）

　　重翻以前寫過的懺情書信，裡面的我已經沒有人認得了吧。如今的我，怕你就是認也不敢認。

　　（你就這樣殺死了我。不能回溫就唯有回魂。）

　　因為，回不去了。那些純真年代裡又哭又笑的生命情境，

好悠長。一直痛惜自己是在那麼寂寞清冷、那麼尷尬困惑的情境下與你相遇，記得那時我才剛從一場病中回復一點力氣，已經可以抬頭看人和說笑，只是眼神還有點微弱恍惚。淚水依然是淚水只是失落了溫潤的質素，笑容也依然是笑容卻不再單純任性。是的，正是在此情此境我碰撞到你，正因此情此境我孤注一擲。也是一種相見恨晚吧，若在更早，你還是意氣風發又傻傻的少年，而我還會哭會笑（是的，雖動輒哭哭啼啼，但很容易破涕為笑），你我是否將會更深地相識、會吵鬧但是更親暱地相愛？

你討厭我的落寞，或許你也有你所謂的嘗試和力不從心。你煩膩我虛飄飄的溫存，我笑得牽強而哭也不敢哭。你說你只做你愛做的事、有你可以自由選擇的態度，我壓抑至極的長久忍耐傷心延燒成憤怒與恨意。這就是前因後果。

你疲憊於我虛飄飄不帶血肉的溫存與愛情，朋友也受不了我顛顛倒倒、陷溺不安的情感、生活、黑暗。我沒有靈魂了你知道嗎？你知道你殺死了我嗎？兩年前，我像個困惑的少女般，帶著精神潔癖式的孤注一擲，看見你震撼了一下，立即間發生了什麼呢？你做的事怎麼如此像立即之間？如果我無法接受，那麼是不是就只能病態攀附了呢？那年轉瞬間發生什麼事，別問我我不知道。只記得，一下子我不是我了，眼中看的也只能是你了。因此你從容陪我去醫院，僅只如此就令我感激不已。在這之後，我迅速把頭髮剪得很短像個少女，遠遠地跑去找你了。

孤執，之前遺落般的沉寂熱情，都押在對你的愛情上。是的，我曾經那麼熱情，那麼多的愛，堅持，勇氣，心

中都是光。

　　光影一斜。最沉痛的是信念動搖了，危墜不安卻死不肯放手。心中殘存一絲光與愛，朋友說的，即使全世界的黑暗也吞併不了一枝燭光的亮度，這是我的希望。而你，我那麼一次次宣告我最愛的你，對我做了什麼？

　　也曾有過回溫的時候。我們曾經很短暫很短暫地快樂過。為了逃避你而出國，好快又飛回來找你，飛回來的！而你真的就在那時看到我很高興而一時把我捧上天了。早認知到不過是一場夢。確實。那時我在朦朧的幸福感中更加害怕失去你，因為，那種幸福的觸感，朦朧得就像是睡夢中的，軟柔無色，我就知道我會失去你。

　　原來，不單是夢，還是夢魘。比我更早就在你身邊的那個「她」，夢魘般壓得我透不過氣看不清楚你。你說你受不了她的糾纏、極端和黏膩，但你膚淺到無法明白，一個糾纏黏膩的女人，佻達得豁盡種種激烈，還能剩多少極端手段？愛與恨的能量長年耗竭，能有多少情緒？

　　危險的一定會是不動聲色的那個，如我。膚淺如你。

　　溫吞如我，可惜的只是無法輕易就乾淨俐落，但我在困頓中益發不休不止。對你的愛意，那麼柔情溫存，以至於時時刻刻都卑弱不安。我不敢吭聲，無法表達。蘊蓄了太多情結，不知道怎麼釋放，而發洩，我敢嗎？你能容許嗎？心中無休無止地哭泣，很久很久……

　　是的，你認定我單純軟弱無能，連她都看不起我，於是我我綿綿密密織理出一張古老悠長、鬼影幢幢的網脈，你和她，甚至別人，都是黏滯其上的貢物。卑弱如我，能做什麼

呢？你認定我綿軟無力，只能愛不能恨，說什麼都是絮語，以至於白得變成張愛玲筆下那衣服上的飯粘子；那顆胸口上的硃砂痣呢？之前還是牆上的一抹蚊子血，轉瞬間可以半清高半潑悍嫵媚地說我本身沒自信要什麼都不知道。那時我倉皇逃了，你可能也寂寞無力吧，我傷心回家不接你電話，你便跟她回去又睡了一晚。

斯夜我哽咽難眠，而你們空虛之下正好溫存，彼此取煖如亂世知音。

或許你是重視過我的。我們之間也曾單純甜美過，她恨我恨得說過要殺我，只是好快她又站起來了。是的，她令我們都無力。很普通的一張臉，白銳分明，很瘦的骨架和姣好的肉體，充滿女性的情緒，可憐而霸道。年紀輕輕已經輾過了風塵，帶著活力與病態，激越起來恨不能燒死你所給她的世界和其中的你，纏綿時悲悲切切攀附你至死方休。正是這樣的她，豪邁揮灑單薄的她所有青春與能量，你如何擺脫？你的不能愛不能恨是一種假性怨懟情緒，你怪她不放過你，恨到後來沒有退路，輾成的便是繁複無法說出的愛。虛偽如你，就連真實的情感都沒有嗎？悲哀如你，有的只是人性的支配，有沒有愛的能力已經不重要；既然你已經物化，他人也只能視你如物，這就是所謂愛之欲其生惡之欲其亡。每個人都問我到底愛不愛你，你認為這重要嗎？

既然唯物，我只關切得到你多少。百般討好至今日，愛的激素太少，而情結太深，所謂不能愛不能恨的效應同樣也發生在我身上了；愛不愛你，這究竟怎麼說？

事實上，是曾經對你幽思百縷，柔腸寸斷。

單純得像是夢了。

是的，我不再是過去的我。（說過你已經殺死了我……）

我到底愛不愛你？不斷被逼問這個問題，我總瞬間跌入宿命性悲劇。

我的眼神已經變得冰冷而悸動。

我能愛你嗎？或者說我有資格嗎？一切如此荒唐可笑，而一齣真正引人發噱的肥皂劇，和能夠引起昇華情操的英雄悲劇恰恰相反；深層的質素往往是更令人難以同情的悲哀，表情怪異，悲哀莫名，臉部一牽，就笑了！

你可以明白我了嗎？那是我愛你的表情。

算不算也是一種浪漫的燃燒呢？那一年，我們相遇，立即，在那麼貧瘠、倉促、憂悒不安而那麼悸動的關口，我跟你，一起發生了在我生命中永難磨滅的事，我躲著哭了好久，對了，怎麼從認識你以後就是哭啊哭的呢？我是真的愛過你的，甚至到……對了，繼續說下去吧，繼續……你還記得我那時候的樣子嗎？哭夠了，我安靜下來想了很久，然後把長髮剪掉，遠遠跑去找你的時候我是有勇氣的，把自己外表弄得像個傻傻的單純的女學生，心中盤算的卻是白流蘇巧計經營的傾城之戀。一個城邦的傾倒可以只為了一個回眸或者一個女人利己的愛情，雖然我也不是完全清楚自己要的是什麼，但是，當時我那麼孤寂，總以為沒有人能成全我，我得成全自己不是嗎？

無論如何，我記得那時候你來接我的樣子。單獨坐很久

的車，一路上很緊張興奮而又心裡很清楚；我迎向你，同時，這一次我要自己一個人向你前去。提著包包坐在清華大學門口等待，風很大，我按住剛剪好的清湯掛麵短髮，揚睫看你看得好用力，好高興還有機會看到你……

自此之後，一直到最後終於到了分手的時刻，每一次見了你回來，我總擔心怕下次可能就見不到你了……很病態，對不對？

自卑是我愛你的仰角。

我是那麼恨你。

常常很恍惚地追念那段單純甜美的日子如逝水。就是這樣，突然間你對我好了，如斯輕巧地把我推入彷彿過於幸福而又措手不及、無可置信、時時刻刻準備好要失去的一場迷夢，等你優哉游哉、懶懶地伸手把我推醒，在那複沓的顛躓中，我已經全然不知之前的原由和而後的結論。

也就是這樣倏然間發現一個關於死去的事實。悠悠表述。恍恍惚惚想起來，滿心總是那曾經接近幸福的錯亂。現實是場軟柔無色的繁華。夢中是有顏色的。

我開始喜歡冷漠，想像成我實際上從來就攀不上的清高；至於故作狂蕩，那種病態的快感簡直就迴腸蕩氣。朋友也說我死了，我很驚訝居然有人能識破，錯愕一下用很驕傲的態度告訴她，對呀我死了是你殺死的。你不會再認得我了，以後我不再溫軟綿密不再只會跟你道歉不再對她低姿態求恕，我死了而她活了，荒唐的生活方式可以讓我想像自己是她，就是這樣的她永遠活在你心中不是嗎？

自從認識你以後，我就活在錯置中。沒有靈魂的我使你

焦躁不安而失去耐性，太詭譎了，漸漸我喜歡醉酒，開始栽入夢囈儼然如悲劇女王。印象中恆久是你短暫對我好過的殘缺片段，我曾經那麼接近幸福；但是，果真如此……

記得嗎？我說過愛你無求，你還記得嗎？曾經你好感動的，而她恨我用這種虛偽噁心的下乘手法贏得你的心。（其實她恨我是更早了。是的，當時我們都不知道那還只是一開始。）愛你無求？其實我根本就是不敢要！

顛倒，夢囈，虛妄。我曾經好接近幸福……但那又是不是我自己自我安慰拼湊來的呢？

事實上，即便在對我而言最完整的時期裡，我還為你和她傷心得……表面上我暫時贏了一回，但我心中知道是怎麼一回事。你送走我，一會兒又要跟她在一起了嗎？我從車窗望著你離去，一咬唇，用力把自己的手割得亂七八糟，跌跌撞撞走去找朋友，後來還病菌蔓延弄到險些截肢。我知道自己有自虐傾向，知道是我不夠好所以我永遠無法使你真正愛上我，我始終相信你也是個有感情的人，你的色厲內荏、浮傲與孤介，總令我想得心痛……至於我的自卑以及自戕，你受不起的，我裹著紗布去你那裡自稱為摔了一跤，這麼扯的理由你也相信。

後來卻是她自殺、獲救了……你知道我好打擊嗎？我又開始顛顛倒倒了，背著你哭得像是自己被棄絕，我知道，是我們都被棄絕了。用軟弱討好的語氣要你去看她，你冷哼一聲，神態依然是那麼倨傲不屑；我們都固執癡戀的你，到底是個什麼樣的人？

或許你真的恨她。對她，不管你的愛與恨、冷漠與不屑，

我都那麼深、那麼難以置身事外地恆久傷痛。尤其之前，那一次，你終於決絕跟她分手了，面對我你很落寞，你甚至還自欺式地說你時時刻刻都在想著該如何擺脫她，是這樣嗎？這次該說是我又贏了嗎？或許你根本連我對你的感情都低估了，你以為我不了解你？在我眼前的你，色厲內荏得像個倔強的孩子，無論你的驕傲、軟弱或無情。看到眼前你的落寞，我無由地感到心中好酸楚，回去又喝了個爛醉，為了你的傷害和我的可悲，你的傷害和我的可悲！那次我是真真正正傷心了，也從那次起我不再自殘。這種弔詭多令人難堪，我的離去與成全，究竟是為了什麼呢？我一直是那麼自我批判，時時刻刻感到虧欠你、我、她和我的上帝，因此我痛疾地離去，當作是還彼此一份清白，自戀地以為多轟轟烈烈，但是，欲潔何曾潔，云空未必空！事實上，在這錯置的格局裡，你，我，她，我們都輸了，沒有贏家。

　　從那次起我不再自殘。我不知道之前的原由和而後的結論。自從認識你以後，我們的生命都陷入了錯置，事實上，我們三個之間，誰不是？究竟輸的是誰？報復的是誰？她的錯亂、你的傷害和我的可悲……

　　她的錯亂。我了解她是怎麼一回事。但是，我跟你、她，又是怎麼呢？起初是我莫名其妙捲入你們而激起她的恨意，後來是我再也無法擺脫她，夢迴日悸都是她，她來了、她走了、她又來了……直到我們先後都失去了你，沒有例外，卻還是誰也忘不了彼此。

　　我們唐突而模糊不清的生命，因為你而發生連結，直到你一一脫離了我們兩個，我們依然一生都將彼此記得。

　　你曾經對我好過，在你發現自己很難擺脫她的時候。我帶著一身的脆弱病態跟你相識，脆弱病態地仰望你、崇拜你，一遍一遍很溫柔地告訴你，我最愛你，一無所求。催眠曲一般播放，漣漪般一波波漾開，最後化為煙波，散了就無影無蹤。你感受到一個在某方面純潔無經驗的女子孤注一擲的愛情，因此暫時有所撼動，卻又發現她其實原來並沒有靈魂，你決定回歸到一生的冷漠。

　　我曾經了解過你而心痛，可惜我沒有靈魂，只能遙遠地看著你冷漠的軀殼。你是那麼孤傲，覆蓋我所有孤單、孤僻、原則與寂寞，你的心比我更深。我呼喚你，像呼喚一個遙遠空寂的名字。

　　你是一個悽愴永恆的名字。

　　我知道你愛過她。在我那次演出式離開之後，你終於真正愛上她。

　　「我愛你無悔無求。」

　　你撼動一下。

　　「可是真正的無悔是一生……」

　　「我將一生記得你。」

　　是，我將一生記得你。抱怨、遺恨，讓別人為我心痛，而或許這也是我想要的。我用闇啞傷悔的形象為你樹立一個永誌不忘的紀念碑，越多人心疼或不屑，也就越多人紀念了你。弔詭是你我交往一場的本質。

　　連本質都已道出，你我還有餘生嗎？

　　我愛上你的黑暗，就像擁抱自己的殘缺。或許我將一生殘缺，但這又已經與你無關了，因為人的終盡原本是殘缺，

正如我們因為殘缺而曾經彼此眷戀。

你曾經憐惜過我病態的癡戀，就像擁抱自己無法碰觸的軟弱。

我愛過你，愛上自己永遠無法取得別人諒解的人格衰竭。

此時此刻，我決意將你忘懷。一咬唇，勢必要比當初為你自戕更加的決絕。是的，殘缺是人生的實像，但我們誰也沒資格屈就（不管屈就任何事）。這就是我們活著的這個世界，你我除了追求幸福快樂的能力，什麼也沒資格，你懂了嗎？我知道你有時候很累，對自己和這世界很沒信心，但我們每個人都是如此活著，我們不能輸。這世界只許贏不許輸，我已經因為失去你的感情而輸了世界，你更加不能輸，即使是我對你或許恨還多過於愛，即使你得到過的不過是一個冤鬼貧弱的愛恨、一個精神病患的喃喃自語。

曾經靠著對你的堅持期望去證明這個世界的本質，但是，直到我虛脫了生命，至今還是沒有人判定我輸，除非是有一天我自己徹徹底底丟棄生存的信心，並且還是一滴不賸；然而，即便到了那天，還是會有人願意傻傻地支持我再站起來吧，一如我當初對你的堅持（雖然他們能支持我多久我不知道……）誰輸了呢？或許，你，我或者是她都沒輸。

此時，大家都在撿拾山中的落葉，秋楓將紅，深秋過盡又是暖冬吧。這是一個斯人獨憔悴的假日。有人走來問我喜歡大自然還是人文，我抬起淚濕地眉睫說我都不喜歡。這是一個斯人獨憔悴的假日，你在做什麼呢？當你寂寞的時候，我還能再裝出純真的樣子、挨近一遍遍告訴你，我最愛你嗎？

　　我還會再遇到很多人，或許有人會為了我對你的哀悼而心痛，我也將在寂寞時會有所感動。逝者已矣，沒什麼比這句話更令人心痛。

　　我努力讓自己恨你，蠢到以為恨比愛更有份量，但最有份量的還是逝者已矣吧！你我都將再度遇到很多人，而我曾經那麼愛過你，到底代表什麼呢？我到現在還是不明白，你呢？

　　我將不再耽溺於你。也或許，我將永遠耽溺於你。（我恨逝者已矣這句話，因此，即便連意義都是徹底模糊的，但是，特作此文，以為告示。）

　　臨逝一瞥，難免過度浪漫頹唐。無論這一切本質究竟何在，總之我是用生命熱望過你。我宣告死亡。但是，借屍還魂的又是什麼呢，隱約間我感知到自己令人驚悸的貧弱本質，而所謂逝者如斯，到現在我又回歸貧弱如初識你時候的孤單。

傻瓜，情敵

不知怎麼翻到妳當年寫給我的信。

這樣一封情敵的信，紀錄了那麼慘痛的廝殺過程，我卻總捨不得丟。

因為，這封粗劣的信箋，就是妳向我認輸的證據（雖然事實證明妳未曾繳械，而且捲土重來的熱浪異常澎湃洶湧）。

收到妳手寫信箋時，我還沒看過妳，而據說妳看過我照片，還表示不屑（彼此彼此）。以元配的身分，妳一次次大喇喇在他面前翻閱我的信，我的地址，妳也是這樣翻來的，他並沒有阻止妳。他笑咪咪轉告我妳看了信的反應：妳說我很假，還說有些詞句太深，妳看不懂。

終於妳忍不住了。在他那裡狠鬧一整夜，動手打了他又說要殺我。放手一搏終徒勞，披頭散髮地離去之後，妳幽幽然，寫信給我。

「不要說妳沒有要求，我不相信。」妳幽幽然橫亂的字跡，如冷流入窗幅。我迷戀書寫，設想過各種書寫姿態，在我心目中，書寫就應該是像姜夔描梅的詞句：「嫣然搖曳，冷香飛上詩句。」標準信封，粗糙的信紙（後來換我堂堂入室，在他那裡翻妳的信，才發現妳寫給他的信紙也是這種，妳竟然一點都不懂得裝優雅，連俗俗的可愛風也不裝一下）。

對不起，我的形容詞不太好，但我不是貶抑的意思。堅

愛文字的我，有種書寫忠貞，誠實以述而已，我寫自己也好不到哪去啊。以往我寫到妳，甚至會直接寫妳本名發表網路，這也絕非敵意，而是妳的本名對我而言烙痕那麼深，我銘刻的是燒痛的複製，非妳本名，不足以入我筆。

非妳本人，不足以我手寫我心。妳還不知道自己的影響力有多大，妳不知道，妳吞十幾顆不可能死的藥量鬧自殺，我失魂落魄酗酒了整夜。知道妳的歷史，日後我便顛顛倒倒地如法砲製，想要變成妳。我曾決絕地根本不要自己了，只想變成妳，即使當時他已經不要我也不要妳。

妳的影響力，甚至比他還大。

妳死我活，爭的無非是他，可是弔詭地，在他先後離棄了妳我，誰也佔不了好處之後，我竟忘不掉妳了。

粗糙的信紙，橫亂的字跡。如見妳寫信的樣子，黑髮垂落在白皙而稅利的臉顏輪廓上，手腕細得幾可見骨，沒有華譎，只有蒼涼中一股剛硬的力道，固執地知道自己要什麼。這封信，妳說自己是最大的輸家，說得那麼蒼涼：

「不要再說妳沒有要求了，不要自欺欺人，從頭到尾，我才是最大的輸家！」

自欺欺人？我心頭一凜。妳說對了，我騙得了他，甚至騙得了自己，惟獨騙不了妳。

某方面，如妳之固執也如妳之誠實，他一貫的擺爛無謂和妳的堅持，勢必妳會重新崛起。蒼涼中一股剛硬的力道，妳固執地知道自己要什麼，不屑地笑我沒自信，「現在，他的女朋友是妳耶，那妳還想跟我說什麼？」妳細眉一挑，怨忿而又驕傲地說我：「沒自信，自己要什麼都不知道。」

　　又被妳說中了。我不但沒自信，而且還很蠢，當場頓失所措地招輛計程車哭回家，不接他電話，他便又回去和妳睡了一晚，感情急速加溫，彼此互擁一團煖火，如亂世知音。

　　如斯，一路照我的角度描摹下來，好像是妳欺負了我一樣，事實上呢，妳在先我在後，而且我的確有意要搶妳的，還擺無辜對他說：「我不是第三者，因為，是你們感情不好之後我才介入的，不是我破壞你們。」然後說自己別無所求，只希望對他好……（妳，為什麼要那麼不留情面地直接戳破？）

　　「妳說妳不是第三者，連他都這樣說，可是我真不知道除了這字眼還能怎麼定義妳！」

　　錯了，鄭小雨。即使妳不留情面地說對了很多，即使我確實虛謊，但這一點，妳真的說錯了。我確實不是第三者。或者說，這不過言詞之爭，都很無謂，實質上，問題在於他：沒有我的介入，還會有別人卡位；沒有妳陰魂不散，我也一樣保不住他。我們都做了最愚蠢的女人，愚蠢地爭奪，愚蠢地彼此控訴，實質上他不值得爭，妳我也沒什麼好控訴。

　　那麼，何以妳我會淪落至此？

　　漸漸地，我懂了。

　　我懂了，從妳那句蔑笑的「沒自信，自己要什麼都不知道」。

　　我們都太沒自信，只想從他那裡肯定自身價值。

　　鄭小雨，我們都，繳械吧。

　　重新好好愛自己。

　　再說說我們的他。他確實有令人不可自拔之處，酷酷的愛甩不理，女人自動投懷送抱。不只是他本身魅力使然，另

方面，得不到的，他甚至也無謂，不像妳我。到了妳我愚蠢相爭的時候，他又是什麼姿態？他還允許我們見面！現在，妳懂了沒？

鄭小雨，其實我從沒有恨過妳。

甚至我羨慕妳。妳有妳的苦，懦弱與身不由己，可是妳依然有妳的驕傲，只會控訴，不會示弱；會發飆，但不會裝可憐。當然，如此，妳也贏不了什麼，但是，對於橫豎一定會失去的，甚至說從來無法真正得到的，我，卻那麼徹底地拋棄了自尊來搖尾乞憐，從頭到尾，不只在意義上，連姿態上都毫無偽飾地呈現出弱者姿態，自己都看不起自己，怎麼要求別人看得起？

人必自侮而後人恆侮之。

所以我羨慕妳。

對不起，一開始我用的形容並不好聽。

其實我甚至敬佩妳。

妳手寫的信，還在我的壓箱裡。他，還在我心中夢中。

現在，妳好嗎？妳在過什麼生活？

老實說，我過得不好。或許不是實質上多不好，相反，我從來沒有不好過吧？家人永遠竭盡保護之能事，朋友們從當初就一直支持我，千方百計搞攪和（現在告訴妳，妳當初接到的那些亂七八糟的電話，都是我朋友們搞的），只是我太不爭氣，畏怯、無厘頭，一如當初妳恥笑的那個無能的我。

還是想說妳一聲，傻瓜。

其實是說我自己。

── 聯合新聞網

記憶中的傑氏酒吧

　　最近發生的事多了點，對我而言，是以悲欣迷眩的心情在適應一種幾近革命性的新生活型態，倉卒無文字可留，閱讀感官也相對封閉遲緩。《聽風的歌》這本村上春樹 29 歲處女作，雖然是小說，開卷卻從寫作這個話題談起，他說自己有時花一個月時間卻連一行也寫不出來，這對此時的我而言，多少帶來膚淺的自欺式寬慰。

　　我們這一代文學閱讀揚起的青春旗幟，正是《聽風的歌》、《挪威的森林》等譯本在正在台灣普及化的時候，那時我們才十幾歲，儘管讀得一知半解，獨特迷人的文字風格卻令一顆顆鮮韌的心延燒似堂皇迷戀。其後出版的《尋羊冒險記》，跟《聽風的歌》、《1973 年的彈珠玩具》連貫成村上三部曲，對應起屬於我的青春譜系，無意間形成我心目中擅自定義的「青春三部曲」，美得神聖發光。

　　美得哀傷已逝，歷久不衰。「老鼠」這個角色就像生活在我們身邊的好朋友，可是他在《尋羊冒險記》中死了。啤酒、風聲、肌膚的觸覺、夏天的香氣……這些明亮意象無處不在，但是，「這些簡直就像沒對準的瞄圖紙一樣，一切的一切都跟回不來的過去，一點一點地錯開了。」

　　而我似乎，一路也就是那麼天真傻氣地生活，滿腦子所謂愛與美，生活幾乎只有朋友、學校和教會，直到對某來自

完全不同星球的男友一見鍾情，又是水又是火，神魂耗盡，才學會一點心機就必須絞盡腦汁來保住、來跟另一個陰魂不散的女人爭奪，榨光瀝盡，結果還是失去。我不知道，同樣是三角戀，在《挪威的森林》裡為什麼可以那麼純粹那麼美？原型互異的直子和綠怎麼能那麼可愛？然而我跟她都像鬼一樣，失戀之後，更形同殘渣和嘔吐物。

　　活得像一句廢話，蕩來晃去認識了小我兩個月的警察阿澤，短暫燃燒。我們的組合，彷彿遊魂遇見秩序，然而無論遊魂還是秩序卻都不純粹，駁雜元素調配出光影異動的火花。我除了前男友外什麼也不在乎，無聊中突然有個玩伴，不在乎故能放得開、玩得暢意；似乎是我的無厘頭、不按牌理出牌和傻勁先吸引他的。阿澤爽朗個性底下是尚不老道的江湖世故，不能單純付出卻又嚮往單純的質素，他說不放心我，於是天天晚上下班後從中壢開車來看我、匆促往返，輪休時則載我去中壢（當然還得送我回來）。

　　在阿澤的管區裡，退出螢幕的歌手傑開了間蠻有規模的Pub，他們彼此說是好朋友（後來再想，應該不過是管區警察跟Pub老闆的互攀交情吧），阿澤或許也有意炫耀他跟歌手混得熟，喜歡帶我往那跑，有趣的是，傑原來住台北，還是距離我家三分鐘遠的鄰居，我要是忘了手機什麼的沒帶回來，他順便塞信箱還我很方便。傑跟交往多年的女友吵架時，跟阿澤一起喝酒嚷著：「我要找我鄰居！」還可增添無聊樂趣。

　　阿澤，我，傑，這樣過了一小段很能玩又其實很單純的時期。簡直像村上三部曲中，酒吧傑，老鼠，主角敘事者「我」，在有著彈珠玩具台的傑式酒吧，一起度過的夏天。

　　歌手傑談起過去的風光，眼神猶帶迷醉。一起喝了很多酒，還搖搖晃晃去續攤，不記得是哪個沒水準的說：光靠傑你這張公眾臉，我們續攤就不用錢啦……「我早就過氣啦，沒人認得了！」傑紅著臉依然清醒，但是後來好像真的沒有人付錢。

　　至於我跟阿澤，唯一醉了上汽車旅館那次，也是從傑的酒吧出來，進去沒多久我就酒醒，吵著要回家。

　　「再吵我去車上拿手銬了。」他側了一下身，故意打個喝欠不想理會我要求。

　　沒多久後還是被我吵得，起來穿好衣服，開車載我回台北了。一路上很沉默，彷彿還有點莫名哀愁。那夜回到家後，我酒精後勁發作，反胃一直睡不好，他送完我則索性一路開車回南投老家，也輾轉反側。隔天我寫 Mail 向他道歉，那種愧疚倒還未必是擺他一道，還包括枝微末節的，他那麼節省要存錢回家的人，我可花了他好多酒錢哪……的奇怪愧咎。

　　「妳是一個好棒的人，尤其是妳的心腸，更是一極棒！」他回信這麼說，從此天天在警局給我寫 Mail。

　　失聯之後，有一次巧遇傑，他帶著已經是老婆的那位久聞女友和岳母產檢，老婆穿著孕婦裝，未施脂粉的素淨臉上略有歲月痕跡而不失秀麗，端莊大方，岳母太太手上還抱著傑哥哥的可愛孩子呢，我肆無忌憚地玩了一陣，然後告別。

　　阿澤好嗎？自然而然問起。我也很久沒跟阿澤聯絡了，傑說，不知道是不是尷尬迴避，但也不重要了。

── 聯合新聞網

這世上，依然有人善良如你

今天聽到有人分享對青少年的愛，恍惚如見你身影。

或許正因為一開始不是對我說的，我悠悠側聽，不用應答，無形間坐落於不受擾的僻靜格局。或許那分享那聲音，太溫暖了，在陰天正午的一絲陽光之下，奇異釋出一種記憶退冰作用。發生於這樣稀薄卻依然存在的午間陽光光。

於是，W.D，你山高水長的側影得以寬容的被還原。不必透過任何難免有點心情激越的進行式。

這世上，依然有人善良如你。

有一次，你帶了一位似乎有自閉傾向的戴眼鏡白皙國中生來加恩生日聚會，你們很晚到，幾乎不遲到的你，想必是惦顧之下而耽擱了。為我們的小組員加恩慶生，整場聚會你卻心不在焉，壽星對那學生開點無傷大雅的小玩笑，你就不留情的當場惱怒。以我這個小組長的立場而言，照理說該嗔怪的，但我只是偷偷看你，恍惚間猶自神迷。

（你多愛護這孩子啊。）

你的熱情從來不帶喧囂，對人笑容不多，在教會的服事上總是埋頭苦幹，對青少年孩子的付出也毫無技巧可言。為此你常常悶不吭聲的受氣，脾氣不好偏偏又不願多說，往往我熱情的回電，只聽到你冷冷的倦怠的聲音要我為你什麼什

麼事情禱告，迅速結束電話我猶自怔忡。W.D，我嚮慕你沉默的情懷，又掛念你的陰陽怪氣。「他啊，很有愛心只是智慧不夠⋯⋯」忍不住對人說起對你的掛念，聽者卻哈哈一笑，「他也是這樣說妳的！你們說對方的話都一樣！」殘念啊，難怪我們從一開始就格外有種家人的情感。

我那麼嚮慕過而追念逾恆的你，是啊，很有愛心只是智慧不夠。W.D，你知道你長得不帥，我們說你像鱷魚，你還傻呵呵高興的說大家多愛你才給你取綽號；你都會感動了也知道自己不帥，平常卻連笑容都不肯多一點！沒事都撲克臉，有事的時候，連牧師都說跟你吃飯快吃不下，W.D，這就是你處世為人的方式。

但我看過你，跟青少年孩子們說話的樣子，是那麼慈愛專注。

一往深情，捨己不惜。只要悄悄看著你，眼睛會被照亮。

追隨你沉默的情懷，一如你總是那麼含忍堅毅。其實你並不堅強，只是為了一點許多人都不懂的堅持，你一次次穩住穩住再穩住，長成大樹，心中開出向日葵，永遠堅持向光。

於是你一次次重新有勇氣去默默承擔。

好多年過去了。這世上，有一個常常不討世人喜悅卻最正直最善良的你。常常活在我心中。

這世上，還有人像你這麼正直善良嗎？

到現在，我所有的網路密碼設的都是你名字加生日，你於我的意義之獨一無二而無足彌遠。

以刻痕為記，跌跌撞撞往前走。我們約好的，永遠不絕望不放棄。

好多溫暖的笑容，好多無價的愛心。

W.D，這世上，終有人，善良如你。

—— 聯合新聞網

藍襯衫偏執

對於特殊喜好，或者男人，缺乏主見如我卻一直有股偏執狂，願在絲而為履那樣的，若有似無間極輕易就受撩動。

就像暗色皮膚。酷拔的臉突然笑起來的樣子。孤介的身影聳聳肩漠然無所謂。藍襯衫。

就像我的每一個其實無關緊要的小偏執，喜歡男人穿藍襯衫，也其來有自。藍色可以是冷漠可以是憂鬱也可以是瀟脫，穿在一個冷傲的男人身上呢？

如果有一天，整個世界都積鬱不化，只要有一抹笑容，轉瞬間天就開了。

那是我曾經風聲鶴唳，反覆得到又失去，固守寂寒，數著雪花等候的一息春暖。

那麼遠又那麼近，相對於我所那麼嚮慕的不搖不曳挺直生命力，曾經我耗費大半條命在區區一口氣之間掙扎，氣若游絲，任憑他身似浮雲心如飛絮。與其說傻，不如形容為行動遲緩的瘋子吧，即使人吊著點滴罐，一恢復意識就拔掉針管要溜走，只為了怕等在外面的他沒吃飯，笨笨的呆看著手臂上血流如注。他說不會給我承諾，向來沉不住氣的我可以微笑著說沒關係。他坦承另外有個為他墮過三次胎的多年女友，我不但不難過，反而高興他終於對我坦承，願意說一句

叫我等他。

　　如此迷戀，為的什麼呢？暗色皮膚？酷拔的臉突然笑起來的樣子？孤介的身影聳聳肩漠然無所謂？藍襯衫？

　　我只知道，在我最軟弱的時候，如果有一天，整個世界都積鬱不化，只要有一抹笑容，轉瞬間天就開了。

　　那個人酷拔而不羈，孤介而灑脫，彷彿什麼都不在乎，卻又凝結在眉。他說不能給我承諾，也是他受感動的時候，分明言詞在撇清，神態卻充滿柔情。第一次分手期間，他沒找過我，就像就此討厭我一樣，然而，那幾通沒顯示又不出聲倉卒掛掉的電話，他後來主動承認是他。這個人到底是怎樣呢？至今我迷惑深思。

　　至於，這個人，穿藍襯衫，是什麼樣子呢？其實並不特別吧，就是一個有點帥又不是真的很帥的男人，令人害怕卻又不真正防備，灑落俊生地微微一笑，穿著內斂的藍色，收斂光芒而又隱隱誘約。

　　（來是妳自願，不來隨便。來了我不會負責，不來我也無所謂。）

　　於是我來了。我賭這個人有感情。

　　他是有感情，我沒賭錯。

　　那麼我又是為什麼慘敗呢？

　　或許，偏執從困惑而來。

──聯合新聞網

芙瑞達如是說

「長得怎樣，有沒有魅力，聰不聰明啊這些條件，都是顯而易見的外在特徵，你有沒有，不必說，根本別人一眼就能看到。」

「所以，會一直口頭強調自己這些表面優點的人，其實透露的只有自卑。」

25 歲，俄亥俄州，喝露天咖啡，邊聽芙瑞達如此形容她剛分手的男友艾力克斯。我對艾力克斯只有很匆促的約略印象，挺英俊，會念書，家裡有錢，感覺人也蠻誠懇實在，可憐只被允許待在芙瑞達身邊一個月 —— 沒錯，我瞥見的正好是他苦苦相求的樣子。

那年芙瑞達 23 歲，隻身在俄亥俄州立大學念音樂，主修大提琴。我沒看過她拉大提琴的樣子，但是想來必然美呆了吧，弧度那麼優揚的琴身，曼敷於她 172 公分窈窕體態，傲人的姿容折射出一道美感距離，然則演奏時低首斂眉，柔焦似憑添含蓄。整個人簡直泛光。那麼美麗過人，聰明又青春的她，完全有資格下這句斷言。

她自己，也從不強調自身外在的優勢。因為對她而言那是很自然的事，正誠如她所言，有就是有，不假言詮，別人一目瞭然，她又何須廢言。

於是，急於突顯自己優點的艾力克斯弄巧成拙，芙瑞達根本不屑。

那年我苦戀成災，逃去美國避難，透過同學認識她的室友芙瑞達，展開暫時同居生活。悠悠訴苦，說我對小介是怎麼委屈沒輒，奎斯指著芙瑞達勸我：

「別擔心這麼多，學學她多好，我就欣賞她自在，愛做什麼就什麼。」

的確，芙瑞達就是那麼個「自在」的人。夜風下，漫不經心地燃菸聊天，她向比自己矮的男生奎斯伸長腿，開心地說「我腿比你長！」，奎斯只有傻笑。其實奎斯一點都不傻，還是個挺意氣風發的魅人男子，兩人不久後交往了，可惜一樣短暫，芙瑞達撇開他交了一個血清工廠小開。

那是我聽聞最後一筆芙瑞達的消息。

儘管這麼會換男朋友，但是芙瑞達絕不是那種交遊廣闊的花蝴蝶。或許因為喜歡自在吧，她的生活很簡單就是上課和打工，每天去公家健身房做兩小時運動。衣衫亮麗，有時化淡妝，但是不喜歡口紅，隨身帶著一小圓罐的美體小舖鮮果護唇油，順手擦擦，淡粉紅的天然唇色巧奪天工。為了保持好身材，晚餐一律生菜沙拉，冰箱拉開卻有成打的黑麥啤酒，說是供週末「補充酒精濃度」。

很放得開的明朗個性，卻是很多人眼中的冰山美人，因為她不想說話時就是不說話，不想理誰就不理；不主動擴展人際圈，有機會也不排斥；合則來不合則去，雖然也有傷神的時候，但她不耽溺，畢竟沒什麼比開心自在更重要。

那番對於自吹自擂者的透視，明明白白，不磨稜不尖銳，

像她的生活一樣坦率真實。這麼多年來，我每次學舌賣弄，
無不聽者稱是。

「妳難得說話這麼有智慧啊。」被稱讚。

其實，此乃芙瑞達如是說。

連同她不標榜獨特而自成一格的生活方式。

—— 聯合新聞網

維多利亞的祕密光明

　　雖然相約的那晚我們都很疲憊，而且人聲鼎沸，但因為彼此太熟太親，坐在昏黃的光線裡，才吸幾口大杯冰茶，話題就進入心坎裡。

　　太入心了，太滄桑了，我們睜著迷惑的圓圓眼睛對望，一直這樣的彼此鼓勵要朝光明走，我們都不想耽溺，甚至大捨得痛笞自己視之為罪惡，可是，有時候那些黑影好沉，沉謫到明明不想了丟掉了卻還內化在難以觸碰的死角，多卑鄙。那晚她沒有大悲痛，只是面對親厚如我，長久對抗的疲憊一旦鬆懈，眼淚就溫順的流了下來。「剛剛我先到，去旁邊莎莎看到維多利亞乳液，很迷人喔，我送妳，我們一人挑一個口味。」我說，而向來不捨得朋友花錢的她笑著答應了，純默契誰也沒多說什麼。於是，趕在「莎莎」關門前，我們兩個嘻皮笑臉不正不經的晃蕩進去，蹲在一排乳液面前一瓶瓶試香，呵，頗低級的，我們興致來了，旁若無人大肆評點還不時咭咭咕咕掩口賊笑，「啊這個我不小心碰到鼻子了。」我咕噥道，「橫豎妳就挑這瓶罷，看來似有緣。」她筆劃著食指故意展現一絲惡意，嘰嘰咕咕咯咯……

　　「這是吾等『愛之乳』。」最後我操著兩人之間的術語，劈啪下結論。

　　好友，我們不只要心向光明，而且要知道，現在，我們

就在光明中。

　　今天難得跟 Tasha 單獨吃午飯，我不知道自己是不是變了呢，以前會覺刺耳的話，現在我卻可以看到她尖銳底層的正直初衷。在摩斯漢堡聊得很真心，我甚至敞開告訴她，我知道自己病態，對她分享，最近我在禱告中察覺到的那些長久各方面失敗，以致於我變得口才其差、舉措失調、幼稚萎縮，終於我明白那是自己對自己豎白旗，我怕透了傷害失敗而寧可幼稚愚昧無害……

　　至於為什麼要對她說這些呢？難道這麼輕易對人推心置腹嗎？難道蠢得還不夠嗎？

　　其實是從當下到此時，我都雪亮地明白。我是「決定」不怕了。不必隱藏了，無論對自己或任何人。即便我知道自己根本還沒有痊癒，距離所謂「大無畏」或「堅而不摧」還遙遠得可笑，甚至我依然在乎很多事、懦弱怕受傷，可是，很奇妙的，這些我已經無妨了，甚至沒有防不防備的問題存在可言。

　　即使最不堪的軟弱。我直溜溜地分享，就像閒說家常事。我彷彿感到，也不過是家常事！可以聊，可以分享，關心的會關心，不關心抑或嘲笑也沒關係，因為我選擇視為「家常事」，會軟弱會傷痛但卻無損任何價值的那種真切。

　　即使我根本還沒超越，幼稚得要命軟弱得要命，都沒有關係。只要我知道自己正走在，我要走的那條路。

　　（謝謝你們愛我。我想笑瞇瞇地這樣說。如果真要鄭重其事地表示些什麼，好像也就是這句話最貼切了。）

── 聯合新聞網

我總是，這樣想跟你一起努力

　　總是這樣的，三長兩短的節拍如日夕搖移，東邊日出，西邊卻總是下雨。我總是跟你一起，笑得癡狂，沮喪得連頭都抬不起，歡樂鬼扯，賣力以赴，一個閃雷打下來，一起哭喪臉，但每一次都相信，萬里晴空，總有破涕為笑的時候。

　　一起擊壤而歌，一起賣命天際，總不至於淪落到亡命天涯的。倘若會，也無妨，我做陪，你樂意嗎？

　　天空正在下雨，好像一時半刻還不會停。因此我的心憂愁得綿綿密密下起雪來。其實你擁有好大好大的一片天空，親愛的，我知道你正處於憂患，只是你的憂患太短而生涯太長夢想太多，正如我總是附庸風雅套聶魯達詩句說愛情太短而遺忘太長；你這麼短的憂患，我不惜用馨柔情，想要你感激什麼呢？怕連我想要你感激，都不敢讓你察覺。

　　最好你遲鈍加弱智，白癡加三級。免得你一廂情願推開我友誼，那麼我就真的，一無所是了。現在我只希望陪著你，一起笑得癡狂，沮喪得連頭都抬不起；你受傷，我上陣，輸了歸我，贏了是你。只是我知道即便沮喪如你，依然志不在此，你只是還沒天時地利人和去追求更寬廣的一片天。心似浮雲，心如飛絮，氣若游絲。

　　再低迷時候的你，都是我不可及的夢中夢。我可以陪你

笑陪你哭，委曲求全配合一切，唯獨不能，跟你一起飛。

　　而我依然禱告你，如鷹展翅上騰。我不忍，眼睜睜看見你飛離我生活駛道 —— 我那迷濛超瞎的視線範圍啊 —— 總有一天，你受傷，我再也上不了陣，我無助，你也再顧不了我（事實上，或許你始終不想顧的。）

　　莞爾一笑，嫣然迷離，傻得要死，無敵珊寶妹唱：「傻得像我」，我就是喜歡珊寶妹，我跟老公就最喜歡週末一起看無敵珊寶妹。珊寶妹以平凡的外貌條件感動花貨孫無敵，但妙的是，飾演珊寶妹的郭采潔亮麗可愛極了，當她圓睜水汪汪雙眼說些傻兮兮的話，天知道，誰會不動心。

　　可是我，永遠不是郭采潔、不是珊寶妹，只是一個，傻呵呵又哭又笑，笨手笨腳，老擾事，陪在身邊有時還怕礙事的人。

　　而你都包容了，對我慈愛的笑。我只願，陪在你身邊，哭哭笑笑，又傷心又感動，為你效力，奮不顧身。

　　或許因此你難免也有感動的時候。事實上，這些日子，我們一起走過蹣跚，你受傷我上陣，我出包你承擔！一路上相挺至今，我多希望繼續挺你，不惜一切，可你，夢想在哪裡？我知道，你對我們的心在中途，這點挫敗，你可以勝過，我更可以勉勵支持你到底，可是，終究只在你的中途而已，我們不是無能、而是沒資格繼續挺你，一如挺那個出來乍到雄心萬丈的，你。

　　不是無能，是沒有資格。

　　我沒資格勸說或要求什麼。

　　事實上從頭到尾，倘若我不自欺，那我就知道，我始終

是不在顧念中的。

　　再多了解欽佩忠心鼎力支持，頂多也只能稍微支撐一時。只要每天一離開這裡，溫柔鄉，遼闊的天空，無限青春流轉的夢想，你，又昂首闊步了，之前一切忘乾淨最好。

　　我所支持的你，如我了解所預見，昂首闊步，意氣風發。

　　而我是，如此卑微。

　　　　　　　　　　　　　　　── 聯合新聞網

新年，快樂

一、

　　年假前一天的上班日，我因為精神衰敗而終夜失眠。天亮了。早晨運作了。冷靜的起身化妝、吹頭髮，還邊吹頭髮邊把沒關機的電腦 Msn 點出登入，只為了要改暱稱：「把每一天當作後一天」。Ant 倩伶伶後腳接前步上線，暱稱正好是「第一次這麼早上班」，我笑咪咪的跟她打招呼：「怎麼這麼巧？我也是第一次那麼早。」「夠了沒？一早就上網。」她打趣，然後我回她說，特地上來改暱稱的哩！

　　「把每一天當最後一天」。Ant 剛離職換新工作，「我會這麼早，改這個暱稱，也是我想辭職了。」Bye 一聲關電腦出門上班。

　　很難得第一個踏進部門啪啦開燈。亮得令人茫然。不像平常開電腦後泡咖啡東摸西扯，靜靜地在座位上處理工作，可畢竟還是沒心思，很快擱下動手做座位清理（年終掃除？由於應景，這個動作是不會令人起疑的）。四顧茫然。我的書桌書櫃抽屜堆滿得那麼滿，最多是文學書，還有一排印刻雜誌和誠品好讀；保養品也堆了不少，有鏡子、粉餅、防曬乳、護手霜、乾洗手，還有一大罐維多利亞祕密和 BURT' Bee 的奶油牛奶乳液、我最愛的韓星成宥利代言的 SKIN FOOD

青蘋果護手霜。（唉就因為有幾個人說我跟成宥利一點像，而成宥利在《千年之愛》劇中那個成天說文言、晃頭晃腦跟世俗格格不入的角色正好又簡直是我的翻版。）這些豐盛的行裝，幾乎是花團錦簇的在每個上班日圍繞著單薄的我，雖然未必有時間讀用，卻是幸福的象徵。

和毛、麗文大學時期在台大燦爛合照的相框，收進袋裡的時候，有股霎那的甜美。

（她們一路陪我從純真少艾、滄桑初熟，風雪陷了雙膝、好不容易脫去一層皮才拔出。也無風雨也無晴，陪我到不如歸去。）

再從抽屜底層掏出一張跟小介一起拍的貼紙卡片、一張在他老家房間要來的舊日高中旅遊照、一件他國中穿的學校童軍服。（高中旅遊照中的他飛揚帥氣極了，這酒色不離的男人可還在陽光下當過童軍呢。我所來不及認識，而又真實存在過的他。）

找出好幾個很耐用的公司出產手提袋，把這些東西掃下，塞進去，剛好三大袋。

同時我在哭。先是靜靜流淚，停不下來，又化為哭聲，壓抑的斷斷續續。「把每一天當最後一天」，這句話是我採訪孫越時他說的，這樣的一句話，誰聽了能不感動？可是，又怎麼會套用在這種情境呢？家霖哥找我去談話，我叫他等一下，硬是先把淚止住，又補了妝，才啜著冰紅茶理好臉色跟他進餐廳。我們似乎談了不少，他也說了不少，可是，似乎還是我太愚鈍哪，其實大多數我聽不懂，現在回想也想不出什麼微言大義 —— 只知道他是善意，於是我又體溫回暖，會眯著眼睛笑了。

（雪國裡的暖風，不須要追究從哪裡吹來。）

二、

　　雪國裡的暖風，不須要追究從哪裡吹來。就像在我失眠哭泣的時候，說不上具體原因，只感到一陣撲面惡寒，令我哆嗦貧瘠顫抖。「惡寒」，張惠菁的得獎小說題目，不只存在於小說，還竄流在世上每一個角落，包括一個幾乎是最好的地方。這是個最好的年代也是個最壞的年代，而我什麼都不是，不是好人不是壞人，只是卡在夾縫裡或囂張或瑟縮，任一個小小的善意對待就能令我感恩歡樂，而周圍一點傷不到我絲毫毛髮的吵鬧，竟也能令我魂不附體。上帝說，每個困難的處境，都是我們要去學習的功課；每個刺傷我們的外在事件，都反映內在的某個軟弱點。同理可證，苦毒者需要學習饒恕，被壓迫者需要學習忍耐，至於我呢？

　　即便屍體也會說話，那具屍體也不會是我。所以我回答得輕巧：發病而已。只是被害妄想發作了而已。（或許是兔死狐悲。也可以說得好聽點，苟得其情哀矜勿喜。）

　　「然而懼寒卻是天性。無須言詮。姑且削去我小人之心所能想像猜忌的種種可怕意義。人性、爭吵、被害或被害妄想等等醜惡都是人想出來的。通通都單純歸位吧，就讓惡寒單純還原為物理性氣候原理。」

　　正因如此，即便不干我事我卻生理性打哆嗦了。惡寒是天候是自然的存在，純粹生理性刺進骨子裡像刀一樣無辜而爽利，不具惡意而只是本質冰冷。我們都沒有絕望的理由，

只是，好冷。

　　沒有明確相關，但是至此我想到年少時期的朋友范。第一次明確感受到一個人的惡意恨意，是我這個曾經的好友。她剛不理我的時候，我哭著求她說，雖然我不知道是什麼原因但是妳會這樣一定是我無意間傷害到妳求妳告訴我讓我彌補不要自己承受傷害……直到有一天事情爆發了，突然間才冰冷地發現，原來，這是恨意，一個恨意足令她決意要把一個求她愛她的人趕盡殺絕。

　　動作一連串追趕過來，惡意昭然揭曉，一恍神，原先那些唯恐失去好友而流出的滂沱淚水竟然瞬間風乾，心一抽痛，從骨子竄出畏懼和寒冷，被害妄想隨之發作，不想挽留不想報復，只顫抖地寫信給她：看在我們過去的情分上，求妳，求求妳離開我的生活範圍。（原來，連續劇裡那些恨，從你身邊的人對你發出的恨，是那麼寒冷。這麼可怕的東西，是從一顆有溫度的心發出來的嗎？）

　　幸好，愛能遮掩一切過錯，這是真理。毛和麗文圍繞在我身邊的愛使我回溫回神了，很快我又能快樂歡笑，感恩上帝賜給我的一切恩典。

　　（現在，某種意義而言，他對我做的，就是這樣的救贖。即便或許他還來不及明白那麼多來給我切脈開藥，然而，上帝所創造的世界就是這樣的！一盞燭火，就足以照亮全天下的黑暗。）

三、

　　放完年假，重回公司我很快樂。我明白令我耗損的那些

紛爭或許還是會再發生，但是我很高興可以回來面對。開工的早上，睡過頭晚兩小時來上班，回到座位，第一件事就是把收拾好的行裝選擇擺放回去——「把每一天當最後一天」的暱稱沒改，我選擇擺放回去的物品是過濾過的。香噴噴的乳液還留在袋子裡，要歸位的是護手霜、鏡子這種日用品；至於書和雜誌，先把誠品好讀和印刻雜誌放回去，接著是編輯類工具書、文案發想的《廣告副作用》，至於文學書，我放回去的有：羅智成老師的幾本書，陳克華的《星球紀事》（上班耽溺時間適合看）、賴香吟的《散步到他方》（翻譯者，進行的不過是日常語言的再翻譯。這是我心情不好就要看的書），柯裕棻的《甜美的剎那》（得過憂鬱症的作者，文字最能戚戚焉療傷）。

好了，開工大吉。至於還留在袋裡的那些，算是保留。我依然不夠勇敢。

這個年假，別人問起，我都說過得不錯呀，好吃好睡休養生息。開工後，笑嘻嘻快快樂樂，就像哭著收東西那場景只是場鬧劇。但願，只是場鬧劇。反正我這人可笑事幹多了，多場小鬧劇也無損，大家開心就好呀。我多愛那些會帶著寵溺取笑我的人！我一直知道他們是愛我的，笑鬧得再沒分寸我都會跟著傻笑，因為我們相愛。長年來，他們一直愛著這個長不大不爭氣的我，甚至陪我一起不長大，有人欺負我，他們用幼稚的方法出頭；明明是我做錯事自食惡果，他們罵完，也只當我是孩子做錯事。我是這樣被保護到現在的，可是我不爭氣，不能令他們驕傲，只是一點不干我事的紛擾就搖搖欲墜。

　　哭著收東西的場景，但願只是場鬧劇而已。收納的袋子裡還留著的那些，是我為自己保留失敗的可能性，其實我何嘗希望失敗？何嘗不希望一股作氣奮發圖強？可是，我不能確定，我的信任、我的希望，究竟是能靠禱告與努力使惡寒回溫，還是，我終將撐不下去、一如過去許多次努力過後的灰頭土臉一無所是長久自卑？

　　過度的幼稚脆弱，哪有人諒解，我老早就可以明白，不會怪任何人，所以，苟得其情，也別怪我的自戕傾向吧。

　　無論如何，至少年假完開工以來都還算風平浪靜。今天才跟家霖哥聊很多，我英明的領導、摯愛的長者是這樣溫暖地待我，在我們前面沉默而堅毅地承擔著。上帝的法則就是這樣的，祂容許傷害的發生，可是，一盞燭火，就足以照亮全世界的黑暗。

　　依然保留部分書和物品在隨時可以提走的收納袋裡，可是，起碼在此時，我真真實實地，選擇面朝光的方向，然後這陣子，我想好好工作，做該做的事，把每一天當最後一天。經過一陣子傷心，更想好好對自己，做愛做的事，打扮得漂漂亮亮，好好過點好日子。即使我解決不了問題，卻要開心快樂。

　　「妳這種志願，跟我說過很多次了耶。」黛西說。

　　我在 MSN 上打個羞紅臉。「那麼，下次我忘記的話，妳提醒我囉。」

—— 聯合新聞網

從入口／出口開始不知所云

1

有入口就有出口。村上春樹說。（除非補鼠器。他附註。）

那陣子我重看他幾本小說，很哀愁也很自爽，於是有個晚上，遇到 Ant，跟她聊到這句話，「也有的時候，出口就在入口。」她說，「問題是有沒有勇氣？」很快我聽懂了，她讚我有慧根，哈。其實，如果可以在入口處找到出口，是修養是境界但也是幸運吧，以補鼠器而言，何嘗不是出口即入口？（問題是逃不走呀。）

2

一生悶氣，我就要聽 Tizzy Bac。

「喔我天生勞碌的命，適合演獨角戲。」「甚麼事都叫我分心……」哎哼也是美。

「想要的得不到！」睡前唱會被老公 K。

總之只有他們的歌我堅持正版。

3

喔我的生活一成不變又顛沛流離，無語又牢騷，擺爛又

堅信自己有專業，要努力又想賭氣，魯莽又小心眼，自卑又不知隱藏還嚷得全世界都知道，被罵又傷心，太平又來亂，堅持又氣餒，想酷又沒種。

又熱愛又無力。

4

「可是我還不知道人活著的意義。」
「看畫啊。」他說：「聽風的聲音。」
「你可以辦得到。」
「不妨睡一覺。」「醒過來的時候，你已經成為新世界的一部分了。」

—— 村上春樹・《海邊的卡夫卡》

5

越軟弱，越堅強。
我想總有一天會無堅不摧。

6

終究是不夠聰明，或者說注定聰明不起來。

7

我想我會變成這樣都是你害的。

8

　　我拿 W.D 居然被看穿的事問 Ant，她答，「根本呼之欲出」，惜墨如金的她還從我網誌飛快列出一張有根有據的邏輯清單。

　　「原來妳是傻妹。」她說。

　　快，孟克的吶喊圖，借我用一下！

9

　　但是有一天我發現，他好像，不是 W.D。但願我能看得更透澈，但願能徹底切割，但願我能看清那印象派圖騰其實甚麼也不是。

10

　　「明日隔山岳，世事兩茫茫。」

　　終究不如千年前杜甫兩句詩。

　　　　　　　　　　　　　　　　　── 聯合新聞網

預知尾聲紀事

　　如果，死亡的預知其實早已暗嵌在人心危脆不可觸碰的禁忌地帶，如影魅如香氣如縷隨形，卻在健康飽滿的末日早晨吐納一大口氣時，隱匿在希望之光的薄霧感知中，那麼也是好的，畢竟大多數人並沒有急於正視的必要，空間很大，正如從前世那頭望過來的路還很長。

　　那麼，關於尾聲的預知呢？

　　既是預知，表示也還有進退躊躇空間，只是，通常不會像預備死亡的長路那樣走得跫音從容。死別是神魂俱毀，生離是肝腸寸斷。崩毀之下，靈魂是碎片，惟有哀沉能譜成驪歌，驪歌且慢翻新闋，離情依依總奢想一點一點挨延，一曲能教愁腸結，宋人那麼美的詞句竟彷彿不惜討饒。所幸，除了大時代砲火轟隆的兒女情長，現代已不作興那種離別法了，葉珊的詩句「你曉得這便是尾聲」，淡淡的直敘雋永無窮，我們便似乎多了點勇氣，可以在日常軌道上行走如儀，近乎成功地試著相信，我們可以的。

　　那時候，我們也是相信，我們可以的。

　　村上春樹的夏日尾聲，有一點陰翳欲雨，就像每個並肩走過生活小確幸、嘻笑怒罵、若有似無的扶持、或許存在卻說不出口的小祕密，那樣的午後，只是陽光突然從驕縱轉為

微弱，但終究是那樣一個很尋常的在一起的午後。說不出口的小祕密，其實前前後後已經累積很多個了，多一個少一個相對顯得不重要了，索性我也不再說什麼，只要半真半假的無邪的笑。我想，那樣會多一點勇氣，少一些或許會有也或許不會發生的難堪。

但是，沒想到他先豁出去了。

「別走，妳不可以走。」（你需要我？）

「我其實也不想走，但是我又必須要走。」（你還不懂我的心？）

「其實我並不需要妳，也不懂妳的心，但是妳就是不可以走。」（我也不懂你的心，不過總之你是不想我走？）

什麼都不敢表達，什麼都害怕，所以，悲莫悲兮生離別，我們卻譜出了這麼一段不倫不類的對話。我們能被允許說出口的實在太有限了，他用「不可以走」這麼強勢而無賴的語句來挽留我，可能的真正初衷那捨不得的餘韻即便有也被掩蓋了，到底有沒有呢這是羅生門，永遠的羅生門，在我的記憶中永遠就是他強勢而冷感的樣子了（啊我將追念到死嗎你這副樣？）我呢，為什麼我不想走卻一定要走？我有夢，親愛的夢想家，你所熟稔的我有夢！我不能只躲在你背後為你助陣，但是關於我的一切你卻都血肉模糊，閉上眼，親愛的，你還能看見我什麼？模糊柔和的五官眉目？純真溫柔的傻笑？支持你的一股白團團呵氣？我，還能有什麼嗎？親愛的，愛你使我沒有自己。如果容許，一直都沒有自己下去，甚至我也無怨悔，但是，容許嗎？你能容許我愛你到哪一天？

而我到底還能怎麼支持你下去？偽裝？堅毅？溫柔？無

私？純潔？這些都是支持你的條件，你明知我有淚水，但是你和血吞了。因為你還有更重要的事，我對你而言甚至算不上犧牲，只要隨便一丁點利害衝突沾染上身，你就會毫不猶疑捨棄我的，我知道，我一直就是等著被利用完拿去環保的角色。但我也不是那麼純情的少艾了，能令我孤注一擲飛蛾撲火的遠不會是你了，或許會癡癡戀戀難捨難分，可是你不會是我的神話。

　　我們相聚，在天真蒙塵又豁不出去的尷尬時期，進退失據。來一個，傻笑倩兮，飄飄然一陣寬慰，什麼也說不出口的，黑暗中你什麼都是，什麼都不是。

　　還要探究什麼呢？黑暗中你什麼都是，什麼都不是。

　　無論是不能說的祕密，還是你我竟溫吞失語，更甚而失聰失智……有人說，能被帶上床的只有書。我好希望你能帶我入心，但終究無法追探無法辯證無法刺穿。我夜夜光明正大帶你入眠，可是，不能被你正視的憾恨在我青稚的心中醞釀成傷，成屈辱。我不怕受傷，你看，我這種人怎麼會怕受傷？甚至羞辱我也不怕，只消無辜柔弱的一個眼神，我怕什麼？我只怕你即便不刻意羞辱我，但那不得不為之的屈辱，會讓我想死。

　　如果是在黑暗中，我們什麼都是甚麼都不是。偏偏我們不在、不想不願也不能在黑暗中。我們幾乎總是曝曬於陽光之下，用騎樓陰影來掩護著一些不知道是什麼有些沒有的；陽光下的我們滿臉爛漫思無邪，光影一偏，走調的分歧又令我們怔忡恍惚，任誰都傻愣愣的，任誰都不敢越雷池一步，我們都成了弱智，抑或者我們本來就是孬種弱智吧，只不過

光影的幻術令你我瞬間還陽，而又無法適應猶豫不決。

　　我要怎麼支持你下去？即便我願意，又容許我撐多久？

　　而你，可以給我動力嗎？

　　你始終高高在上，宛如皇帝生殺餉令，但我們畢竟生活在民主庶民時代裡耶，你可以姑且走下來一階嗎？OK，你不願？不能？因為你沒有空間，你空具架勢，卻連走下一階的自由都沒有，你高我千里卻下不來一步。

　　而我也走不上去。我連階梯都沒有。手腳騰空只會摔死。

　　那天你要我別走。你束手無策，又不能言敗，即便不知對我的眷戀到哪，總之，你知道你不能虧損。即便我是你一小部分的財產，你也要誓死守護，方才能盡責

　　那麼我只能逃。

　　在你要我別走的那天。

—— 聯合新聞網

你曉得這便是尾聲

　　這個標題是借用楊牧在葉珊筆名時期的詩句。而且轉了一筆，從朱天心《初夏荷花時期的愛情》看來的。這本書寫中年夫妻愛情遲暮的悲哀，情理轉折矯捷透澈，恐怕要我這種夫妻關係沒甚麼問題的女人才看得，誠如張愛玲說寫作傷身，那麼閱讀太入感則會傷心吧。

　　兩個月產假期間，悶得快不能呼吸，打發時間都來不及，卻也不過只讀完了這本書。二三月的窗外寒意料峭，襁褓裡的女兒柔嫩慵倦像小貓，最能保護她的我，卻是如此羞慚的母親，神態古怪，事事疏懶，一有陽光竄進屋就直通通想出去。現在恢復上班生活，天氣也放晴了，早上趕車路上，看到亮晃晃烘焙著真實氣息的陽光，不時還有種置身夢中的恍惚錯亂：這、是我配有的生活嗎？

　　我想我這輩子不會忘記，安晴最初的微笑。安晴出生第二天，我虛飄飄盪進嬰兒室裡，笨手笨腳在護士指導下餵奶，她呢，自顧自、慵懶地、與世無爭地側過那小小軟軟的頭，竟然就這麼憨憨甜甜露出一絲笑！彷彿看見一枝含苞細蕊捻亮魔幻春曉，教人寧可此刻就死去。

　　但是我距離死還有很久很久。（朱天心說的，人通常是要老了很久之後才能死去。）工作生態還是跟兩個月前一模一樣，好像根本不曾退席過。我還是一樣天天大搖大擺地遲

到，動輒犯些小錯失，這頭天天被虧沒用，那邊三不五時挨訓。明知爛藉口說服不了誰，還是不甘放棄心虛徒勞地辯解，硬把長官當白痴，長官在我的工作報告上寫了一句：「當我是瞎子」，我收到惡評反而回過頭就噗哧笑，要說是忝不知恥我也不否認，也就是想嚇我嘛，但他卻不知道就算金馬影帝也是老馬有生疏，要兒不兒就像又哭又笑一樣的可愛。

　　休個假回來連工作量都銳減。我不擔心自己沒工作價值，我可是連產假期間都幫忙工作呢，哪可能少得了我。何況即使不再被需要，我也不怎麼在意了。因為我有些想走了。村上春樹《尋羊冒險記》主角在故事一開始時失婚，是相處四年的妻子要離婚的，離婚時妻子說：

　　「其實我不想離開你的。」

　　「那就不要離婚呀。」

　　「可是跟你在一起好像也不能怎麼樣。」

　　就是這樣的感覺。

　　於是我會在恍惚的片刻，心中響起預知尾聲的清寂節奏。

　　如果我們的感官可以徹底模糊掉夢境與現實的邊界，一切或許可能還原成最初。天地混沌，淵面黑暗，我們所握住的片段幸福將如嬰兒的微笑，世上沒有更單純的事。雖然我一直深深相信黑暗也能開出花 —— 不是「願意」相信，而是始終如一的忠貞堅信 —— 可是，那會是甚麼時候？

　　黑夜很短，而白晝太長。我可以看見明天的陽光，只是不知道如此真實的溫度、鮮度、亮度，是不是屬於我的？

　　光影曖昧。我根本不知道自己要甚麼。

—— 聯合新聞網

繞了這麼長一圈之後。
但願，是給你的最後一封信。

我已經快沒有時間了……

蜿蜿蜒蜒、跌跌撞撞地，努力沿著一小滴若隱忽現的投射光點，最後還是半死不活鑽出來的。好不容易站得起來了。迷迷糊糊拍拍灰塵，睜大眼，頓時叫出來：

「時間怎麼過了那麼久？」

「原來，那段路根本很短呀，怎麼有本事走了那麼久呢？」

如果，滄桑是為了學習勇敢，為什麼，我竟越來越不能誠實了？

──「妳要誠實的對自己。」天上降下的甘霖，化作滴答的回音。

我也希望自己是很愛很愛的。

只是，我暗啞地，不會愛了。雪地裡的回音，就算可以在凍結的空氣裡傳遞，也沒有人聽得到，沒有人在這裡，我支撐著，不能凍死，不能，我還有很長的生命要活，即便沒有你，即便失去了生之意義，我還要繼續尋找，不會只因沒有你就整個凍結的，如果我就這樣死去了，還有誰為你禱告呢？

我知道你活得是那樣又放肆又疲憊。

當時由於奮不顧身，幾乎什麼事都不懂。現在我知道了，往往我們能作的決定，不是要，而是不要。

我不要希望，不要坦率了。

記得你喜歡什麼，悲傷過什麼。更加用力地活下去。

白痴，我。

當他對我說出，我很白痴，他要保護我的時候……

「就這樣，都停止了吧。」我想。

沒有誰能保護我。我也會愛哭愛笑卻冷漠地活下去。現在我沒有夢想。因為我不能。我沒有本事承受。我的力氣已經用光了。現在我只要用力活下去，用力找到快樂的泉源。趁能笑的時候大力笑出來。可以學習的時候好好的學習。忘記我來不及出世的孩子。忘記歷史，以及我之前的夢想。

現在我要賭的是自己的一輩子！但什麼是一輩子呢？不就可長可短嗎？像我愛你的兩年成永恆，像我不能愛他卻可以考慮過一輩子，認真考慮埋葬自己一輩子。

因為，我想埋葬的是你……

繞了這麼長一圈之後，我長進了什麼呢？我還是不能做到讓你以我為榮吧？我又要求什麼呢？為什麼還要在乎你的眼光？

最後，我不是想重生自己，而是想埋葬你。

—— 聯合新聞網

愛要在最美的時候說出口

　　《愛是恆久的神智不清》。江國香織這本細膩描寫新婚生活的小書，感情穩定而未婚的 Ant 很鍾愛，常帶給她睡前15 分鐘的甜美好心情。確實啊，這本帶點淺淺小哀傷的甜美小書，小女人的軟言低語，兩人生活點滴中浮泛卻無可取代的溫暖，薄薄一本，微微酸甜毫無晦澀的言語，就像酒精濃度 4% 的氣泡水果酒般酸甜微醺。

　　也很適合我此時邊喝草莓氣泡酒邊寫這一篇。迷你床頭音響飄送的是張懸的歌聲：寶貝，你最美。第一次聽張懸的「寶貝」，是新婚時他用 KK BOX 放給我聽的，摟著我百無聊賴又甜蜜。結婚週年紀念日隔天的上班日，正好逮著主管不在的機會，迅速請假溜回家。厚厚的花布窗簾擋不住雷雨的驚蟄，張懸恬柔的歌聲隱約飄忽，我想到張雨生生前寫給女友小鈴的一句話：

　　「愛不在最美的時候說出口，又要在什麼時候說？」

　　新婚告急階段了，剛過完週年紀念日，不在這個時候寫，又要在什麼時候呢？

　　雷雨驚蟄的下午。我窩回家裡，聽張懸的歌＋雨生的和絃，再過三小時，老公會咧著嘴笑著下班回家，呱啦啦的叫說喝雨好大幸好我買傘、今天我搬好重的東西連那個一百多

公斤的胖妹都比不上我力氣大……我家老公就是話多，有時候很吵很煩，有時注視他說話時睜大晶亮的大眼睛又覺得好逗，他眼睛大，黑眼珠比例尤其大，水亮亮精靈無邪，往往我呆呆看著便一陣女變態似的心花怒放，「來，吃你大眼睛！」囂張的欺身湊過去含住他眼睛，一整個不倫不類。「老公，為什麼我看你還是這麼這麼可愛呢？到底是你真的這麼可愛還是我太愛你哩……」「哎喲，變態變態喲……」他鬼叫。

「寶寶寶寶，你為什麼那麼愛我呢？」不像其他的妻子追問「你愛不愛我」，我是忝不知恥地追問「你為什麼這麼愛我」。「少往自己臉上貼金啦！」他又尷尬的窮叫嚷。

老公，到現在結婚兩年了，還是個天真帥氣的男生呢。這男生 21 歲認識我，帥氣的小臉，愛說話，心無城府，到現在，橫亙幾年了，多少滄桑悄悄潛入？我越來越不愛說話不愛笑了，但他，怎麼還是精力旺盛愛說話、一股依戀愛撒嬌、還是濃眉大眼俊俏像個大孩子！寶寶寶寶，幾十年以後，我還是會看你好可愛嗎？我傻傻問，他說應該會吧，然後拍拍我的手準備倒頭睡。有幾次我氣死了，我話還沒說完呢，聽完就倒頭大睡，丟我一個人在不成眠地夜裡胡思亂想，那時我會感到好寂寞，雖然人就睡在我身邊，可是，究竟是他心不在，還是我？

其實他只是那麼單純好眠，閉上眼睛數到十了事，從不破格。我常常心緒過多而失眠，他卻說我呆呆的惹人憐又怕被人騙。「我的老婆好呆喔。」他像情話般綿綿反覆說，「那你要保護好你的呆老婆呀！」索性撒嬌撒賴，徹底發揮我白目女惹人厭之極致。老公，有時候我嫌你電話多，有時又急

著找你，老公老公，你在哪裡？

「我在妳心裡！」隔空喊話，隔水呼渡，音質卻那麼清晰，好像就在我心裡。

甜甜蜜蜜抱一個，好愛好愛好愛你（妳）喔……不堪入耳的噁心情話，婚前到婚後，纏纏綿綿六、七年了，寶寶，你數得出來嗎？你從 21 到 28 歲，怎麼好像一點都沒變呢？如此俊俏的五官，神采飛揚神氣活現，打從一開始，你大眼睛裡就只有我的存在，是女體是金星也是迷眩你心的唯一閃耀體，我來不及準備的就成了你的日月星辰，你灼灼燦燦的大黑眼珠只注目於我，專注，純真，餘生只為我開放。

兩年前的這一天，這個大男生，孑然一身住過來，沒帶什麼行李，單純的，投奔我。什麼紅拂女夜奔李靖他哪會懂，什麼也不懂只知道，一心一意要跟我在一起。那晚，瘦瘦的身體隆起的胳臂，赤手空拳，把我身體拋上天，興奮的接住，來回好幾次，「我太高興了！」說。沒有預設立場，沒有自我的爭取，這男生，歡欣鼓舞地向我來，不假思索，單只為了，我在這裡。

我在這裡，我的老公，請你，過來找我，我需要你。

老公，我好軟弱，你知道你的老婆是多呆多傻多脆弱，所以上帝把你給了我呀，老公，你知道我一旦脫離你的保護，赤手空拳邁開步，就等於什麼也沒有，外面好多我害怕的事，驚恐無措以至於歇斯底里，你總不能夠在我身邊。當別人厭煩我情緒化，你沒能在我身邊。大踏步，舉步維艱，跌跌撞撞，鼻青臉腫，被笑捧得好醜，這時候，你不能夠在我身邊。你要怎麼履行你的諾言說保護我一生一世？老公，我知道你

言所未逮的時候是在上班哪，為了我們共同的生活承諾而努力，當你無法顧及我，你在背另一個十字架。

　　親愛的老公，事實上，每天早晨我叫你起床，你把頭轉移到我腿上躺著賴床，我們就都懵懂地知道，我們要各奔一方了。該起床啦老公，時間到了，我們必須各奔一方了，必須去受我們各自的苦了，老公，賴床的是你，其實捨不得的是我。

　　老公，有時我們都好疲累。你無法為我擋住風霜傷害，我也不能不讓你出去疲於奔命。

　　可是，入睡的時間，我們總在彼此的身邊。就像從起初以來，從相識以來，我們不離不棄。

　　老公，結婚兩週年快樂！到現在我依然不是個好老婆，就連作菜都沒學會，可是你沒有怪我。既然愛是恆久的神智不清，那麼，這一生，我都要做你一個人的好老婆。

　　　　　　　　　　　　　　　　　—— 聯合新聞網

縫隙之光

看。

就在我們同時凝眸的正前方，那太陽之西的國度，有一波微小的光暈，眼睫閃動般稍縱即逝，而又是真實動作存留的姿勢，一閃一閃呼吸著。

（你我必須要暫時屏息。畢竟太微弱了，一呵氣，怕就會如雪銷蝕。）

在太陽之西，怎會有光點呢？

總會有的。至少，投射自我們之間，吸收足養分之後，殘留的縫隙距離。

此期，我以絕症病人般的著急，騷動不安地尋找光。

這封信，總算，是寫給你的。

自從開始結婚計畫，我便獨自一人，很努力很努力地想看見光。到現在，快來不及了……我總不能帶著一身病菌，一步步走進沒有陽光的所在，了此一生。

你始終笑著，那麼純真幸福。

朋友都說，大家相處的時候，你的眼裡都是我。走在一起，你時時刻刻都要牽著我的手，連我收摺傘、掏包包找東西，你的手都不放，簡直生而黏附著一般。有時我會煩，大多則是好笑又無奈，「寶寶，你還真喜歡我啊。」最後還是

會笑出來。

你故意用撒嬌的聲音哼哼哼的。大眼睛，垂垂的長睫毛，黑眼珠比例很大，就像戴了時下流行的角膜放大片。以往的追求者都知道，要送我東西很簡單，我喜歡日本芭比——夢幻大眼睛的珍妮娃娃。你也喜歡送我珍妮娃娃，而你自己，其實像男生版貨真價實大珍妮。

（寫到一半，你突然又打電話來，只為再跟我說一次，愛我愛到數不清那麼多。）

「我也好愛好愛你。」我甜言蜜語，忙著結束你電話，繼續寫我的東西。

一事無成的我，學校畢業以來這麼多年，只學到，感情，或者其他很多事，本質、流變，皆此消彼長。好比跳華爾茲，一方踮前，一方則相對躓後；反之我疏退一步，則你必當向前追。

然後手握手滑了一圈，只要循此公式，雙方即得以共生，只要守遊戲規則者，也就能玩得起勁。

會懂這套，拜小介的花名冊所賜。甫出校門就遇到歷史響叮噹的他，透過他，一下子吸收多人內功，只消一回合下來，足以一抵十。

跟小介的那筆糊塗帳，我無所顧惜地全向你悉數，你單純到博納百川，還體貼地持續陪我上醫院追蹤治療，呵護備至無怨尤。在你近乎完全的愛裡，漸漸我幾近痊癒。去日苦多，但總算沒有白費，到這半年，我總算沒有再複沓夢見他。

我手上那道難以隱藏的疤痕，隱藏在粗錶帶之下，略一滑動，便含而若現。都已經要嫁你了。隱藏的無不顯露，四

年來，幽幽然借屍還魂。我有點氣不過，卻又感憊懶。你們想要我承認什麼呢？

真的，我很喜歡你，也眷戀著你。

睡在你身邊，不管什麼天氣，白天或夜晚，我們總挨得好緊。

小介躺下身時都不會抱我，唯有在進入熟眠之後，會不自覺摟緊我在胸口，緊得透不過氣。我感知一種微弱的幸福，小心翼翼，屏息不敢動。

你，總是自然而然地抱緊我入夢，預留一絲呼吸的縫隙，溫存得正好。

於是，縫隙之間有光，如風出入。

我們相擁而眠的樣子，很像兩個孩子吧。喜歡透過縫隙之光來看你，天使的眼簾低掩。

小介胸口間的窒息式摟抱，梗塞住我的記憶。

在我們之間僅容呼吸的縫隙裡，我努力地捕捉光線。

那麼微弱的光影反射。只要有一絲、一瞬、一丁點折角，足供我埋葬自己。

然後，更完整地活過來。

我把小介，把自己的純真，埋葬起來了。

是的，葬送的不是別的，是純真。我的黑暗，我的病，死胎和夢魘，劫毀，全都是不復返的純真。

早在埋葬以先，已腐朽成一截枯木。

這截枯木，賦予我迴光返照的斑斕彩夢。千般幻化總成空，他在光影中灑落俊生，最恆久也最虛妄。

而你卻卯足了勁。你是鑽木取火的原始人，一點擦亮，

你眼前便光明無限。

　　我的情人，丈夫。愛哭愛笑愛說話，在在都相反於他。這樣的你，為我的餘生敞開截然不同的風景。

　　當你心無城府推開窗，我曾目盲一陣。

　　儘管迷戀黑暗，但人性終究向光。儘管至今我仍不知道，在我們共同凝眸的前方，那抹微小可愛的光暈，是實體還是投影？

　　但我們，將賴此抵抗全世界的黑暗。

　　我們會，以此為一脈希望。

　　　　　　　　　　　　　　　　　　　── 聯合新聞網

青春焦慮

　　剛進羅智成老師的出版社工作時，愛死了雪銅名片上印在抬頭的標語：「面對知識焦慮最好的辦法就是，選擇只值得焦慮的部分來焦慮……」好瀟灑暢志的一段話，不用問就知道出自羅智成手筆，高踞小紙片上最搶眼的位置，文字精神比實務消磨更重要。

　　於是我渴望，自己有幸罹患知識焦慮症。可是我，但凡蕩氣迴腸優雅高級的病種，生理如林黛玉肺癆，精神如羅智成知識焦慮，都百毒不侵。（除了輕微的偶爾胃痛，那時我會機不可失作捧心狀，不顧東施效顰的風險。）

　　那麼我的青春焦慮呢？

　　想來竟然也是，那個時期悄悄染上的。

　　2004 年。為李修文的《綑綁上天堂》深深感動的那年。終於正式有了穩定工作的那年。瞞著親友交往，時時掙扎要不要嫁給老公的那年。一年將至，趕在生日前一天進現在公司，是被邀來的，心底暗自風光，從此卻灰頭土臉，鼻青臉腫顢頇中長進，近似國境之南太陽之西交界的那年。

　　好幾次，我以為是末日了。還有幾次，我不知天高地厚地以為媳婦熬成婆。跌跌宕宕，總在規律安全的軌道上捧車再扶起，傷會好，夜未央，落地的麥子會長出子粒，就連催人老的滄桑都有藥可醫，唯獨青春小鳥一去不復返，寧可千

金散盡拿以上一切來換,那樣的,區區青春兩個字。(恨死唐玄宗之耽戀青春!)

可是,真的,不管醫學美容再有效,你關心的人也不會在乎你,頂多無關痛癢的路人甲乙猜錯你年齡,你暗爽偷笑一下,然後就沒了。

好友毛,在土里土氣的學生期,就老成落索地撂話說:「你們都留我在後面了。」老靈魂口吻滄桑,卻因為只剩靈魂,精神實質比誰都純真單薄。深宮怨婦也是同樣的道理,心事重重庭院深深,活得輕得像劫灰,一但抽光曾經的華麗,蒼涼如止水,歷史如無字碑,心智退化弔詭純潔如嬰孩赤子,單獨面對這世界,赤手空拳。

尤有甚者,異性相吸,還有另一種族群的存在,毫不遮掩嗜青春,挾財力位階自恃,色厲內荏暗自迴護武功盡廢的祕密。半生吆嚷,不料一個中年危機盜襲如家賊,就這麼輕而洩漏了內在的腐敗。血色鮮麗,吸乾渾厚悲哀。

最後聊以慰藉的,不過那一絲芬芳緲茫。

所幸,古人來者一樣公平。一句「長恨此身非我有」,算打平好了。誠如中年危機需要消費品,我的青春焦慮也需要阿Q精神。半生闖蕩會化為塵土,美麗迷局會遇到遲暮,唯有文化志業是源遠流長、越醇越香的。2004年,我來到文學大師那裡工作,開啟了一扇憧憬,與一道問句:

「知識焦慮,或許某方面是青春焦慮的一種移轉?」

—— 聯合新聞網

青春黃金盟誓

　　朱天文集結了她記載朱家詩書歲月的《黃金盟誓之書》，朱天心青春無朽的《擊壤歌》推出了紀念版，屬於我們的那紙盟誓呢？恐怕當推阿毛那封念台大時寫下的黑函：

　　「雖說君子交絕不出惡聲，但今日妳我並非君子，這番客套也可以免了。」

　　當年她為我出氣，熬夜寫黑函給一對我們剛交惡的情侶，台大中文系才女破題快狠準，這幾句開頭還有人驚豔之餘想拿去做辭職陳詞。這封信我們一口氣讀完興奮叫絕，立刻拿到公館巷子影印備份，三個小女生擊掌約定：「她那麼心機歹毒，但我們友情堅韌，絕不會被離間！」我跟阿毛摩拳擦掌，在摩托車上一齊對天真浪漫的文文揮出英雄告別的手勢，輝煌如赴戰場。

　　可惜，如此熱血一時的黑函，依然沒有投出去。因為我們騎車到對方租屋門口，突然間孬起來了，「她這麼惡毒，看了信會不會展開第二波報復行動？」面面相覷游移不定，還是三思而後定罷，萬不得弄到暴虎馮河死而後已。

　　最後，展開「第二波報復行動」的，卻還是我們自己。事情始末是阿毛下課後在學校附近飯館遇到了那對情侶——還是簡單介紹一下那對情侶，他們都念東吳城區部，兩人很

不快樂地過著同居絕遊的日子 —— 女的一見到阿毛，負氣說了句「活見鬼」，我們事後一聽，喳喳呼呼氣憤不已，「什麼活見鬼？她自己就像蛇一樣，我們說她活見蛇才差不多。」對我這基督徒而言，「蛇」算是最扭曲的指控之一，嚷著嚷著，「活見蛇行動」成形，我們決意要覓機會跟對方照面而過，把「真是活見蛇」這幾字痛快從齒縫摺出。

如此，蠢到不能再蠢的報復行動，在我們擬好劇本、再三排演後起行：我，阿毛，跟湊熱鬧輯進來的近宇君，三人成行，特地在對方要一起去台大轉學考那天先會合，一早找好考場教室，趁中場休息時間在走廊巧遇，「喲，真是活見蛇啊！」這句話便有機會飆出了，還可伺機觸對方一個霉頭，攪亂他們的考運，哈。

行動前一晚，阿毛還先住進我家，我們抱著九分興奮與一絲不安，她跟我一起向上帝禱告：「主啊，饒恕我們，祢知道我們沒有真的惡意……」顯然心虛。

當天一早八點，近宇君從內湖出發老遠來台大會合，如此壯志慷慨，可是，可是……對方人呢？怎麼沒有來考場？會不會是轉考其他相近科系？中午考場淨空，我們找遍會計系、財經系、經濟系，一張張桌子找考生姓名，最後不得不承認，三隻笨烏鴉撲空了，他們沒有來。

竟如此櫬羽而歸，應驗了阿毛黑函中幾句話：「我阿毛再怎麼幼稚，好歹事非分明……」幼稚不打緊，那本來就是幼稚的年齡，問題是我們還蠢極了。

「妳就像莊子寓言中的鴟鳥，抱著腐鼠不放，對著飛過來的鳳凰嚇嚇地威脅著……」當時我們朗讀回味，音唸成「下

下地威脅著」，阿毛瞪大眼睛惡聲糾正：「要唸『賀賀地威脅著』！」這裡，阿毛把我比喻作鳳凰。

這是她的愛。

當時阿毛信佛教，她黑函的結尾是：「你已經玷污我跟曉頤生命中的回憶，求你不要再玷污佛教，說你信佛了。」她自認為做了一個最惡毒傷人的結尾，自喜之餘堂堂接受我們讚佩，一副實至名歸貌。

何等天真驕縱的年代。我們早就不再寫所謂黑函，不是成長敦厚，而是，明白了往往不過是徒然。許多事我們早就無力去做，懶於爭論，不敢去想，豁達也好，妥協也罷，任憑是黃金還是流沙，泰山還是鴻毛，或許也無傷了，我們已留下青春黃金盟誓，彼此相愛不變。

在不同的理想，各自的辯證，說了又說，徬徨歧路多載之後，最確認的一件事。為此，再長的路，我們都有勇氣繼續走下去。

其實我們都懂得感動

　　事過境遷，歲月如水刀。當表層的瘡痍隨之慈悲地剝落，濃縮在一顆滴淚痣裡的核心美質光滑袒現。不堪的對待與傷害下，都可能隱藏一脈善意，抽出光芽。

　　而我們幸運地，發現人性的善良。

又荒淫又寂寞

　　關於癡心，與智力遲鈍⋯⋯

　　有位法國漢學家評《金瓶梅》中李瓶兒對西門慶的癡情之累為「智力遲鈍」。為了那樣一個下不及情的男人，遭爭寵加害至賠命也死不吭聲，令人哀其不幸、恨其不爭之餘，除了「智力遲鈍」，還能解釋什麼？

　　「下不及情」西門慶，「三大淫婦」之一李瓶兒，這兩個人，會有什麼真情？如是云云，相關問題筆戰不休，也成長年金瓶疑雲之一。李瓶兒不是三大淫婦之一嗎？原本那副潑辣勁，自嫁西門府，居然整個變了人般，溫柔壓抑，委曲求全，癡愛無悔；西門慶又何許人也？最殘酷非人的就是他。

　　也正因，那是如此荒淫殘酷的世界，沒有神的所在，如或有人性深處真情的溫度竄流，格外令人感動。── 即便一

閃而逝。荒淫的殘酷的依然綿延，肉慾橫流至死未休。── 因此，張愛玲每讀到「西門慶大哭李瓶兒」的章節都會哭。才女的哭並不稀奇，重點是，「打老婆的班頭，坑婦女的領袖」西門大官人也逼出悲痛淚，不吃不喝悼念，瓶兒房裡之物都不許動，繪了畫像供，徒勞挽留一個「瓶兒世界」。

最精采的論述，莫過於以哲學的「二律背反」詮釋這兩人的性格與情愛矛盾統一：李瓶兒原本的潑辣只是養尊處優、不知天高地厚的囂張，初嫁西門府，還沒獲得專寵，先被刻意報復地冷落三天加一頓鞭打，隨之活在潘金蓮的「風霜刀劍嚴相逼」之下，這尾養在缸裡的美麗小金魚，小天地劇烈顛覆，丈夫西門慶所給她的愛慾滿足令她甘願繳械，溫吞不語地承受凌遲逼迫，臨終還在囑咐丈夫日常生活瑣事要保重自己，至死繞指柔腸。做為這樣一個女人的丈夫，任憑他在外多狠毒不擇手段、對女人再蹂躪無情，又豈能不感動。

事實上，西門慶無疑是寂寞的，在外叱吒風雲，在家六個妻妾屈意迎合、明爭暗鬥，只有李瓶兒溫柔綿密地付出真情，讓他冰冷的心感受到尋常夫妻的溫暖。

（甚至是身而為人的感覺。）

瓶兒死後，西門慶依然浪蕩，只是他供奉的「瓶兒世界」依然凜不可侵，只是睹物思人迷戀上神似瓶兒的奶娘如意。

（縱慾是習性，也是不再有希望。）

從認識小介之前許久，我就已經受這個故事感動。所以，那場悲戀，別怪我如此引證吧。

拿一個生命，換一顧垂憐

像西門慶一樣累積有一本花名冊，小介這個男人，初識時，他才 26 歲，瀟灑寡言，酷而略痞，酒色財氣初階段全方位浸泡。

我們在秋夜裡認識，那年秋天特別短，到冬寒初峭的時節，電話聲變得寂然，我看得出來他要收線了。那兩個禮拜我很難熬，剛發現懷孕，腹痛加心裡不安，痘痘長得多，我變得愛哭。棄我去者，橫豎不能留，沒有留人的本事或魅力，但女人不能少的那點識相起碼要守住，於是我自己去排好日期，到手術前兩天才電話告訴他。

想不到他繼續跟我來往。基於道義吧，他陪了我去趟醫院，而我遲疑地撥了電話，吞吐羞怯地道謝。

那是他第一次受到感動。

只是，「不會有承諾的。」他聲明，我微笑說沒關係呀，只要有時候能見到你我就很高興。都怪他一個惻隱，一點垂憐，這場戲唱了下去，直到第二個早秋，他看我的眼神朦朧而發亮。「妳是除了我媽媽外，對我最好的人。」夜風下，他直勾勾看著我，眼裡有霧氣。那時他剛帶我去買一隻絨毛娃娃，甜蜜如新婚燕爾。

其實我們都懂得感動，無論一秒一分或一生一世。26 歲已經交往過十幾個女友的男人，已經不相信《重慶森林》的鳳梨罐頭有限期限，女人（其實該說是女孩吧）呼之即來揮之則去，多少起初熱呼的女子待不久就要走了，緣起緣滅他

還年輕早看慣。跟我同梯的鄭小雨，是當前為止最主要的女人之一，他一手「救」起的色情場所少女，經他規勸重新去念書，雖然後來只是巴士客運小姐，但足以作為他的驕傲。幾年來，從少艾到初熟，從生嫩到嫻熟的蠻橫勁與女人味逐漸爐火純青，這之間橫越的不只是她的年華、他的懵懂到老練，還有她為他墮過的三次胎！

　　幾年可以像一輩子，他和她彷彿都老了、都滄桑以至於無感了，而我不經意來了。兩性藍圖還只是浮水印，倉促之間從童女汰變少婦，快得彷彿眼睛都來不及眨，居然又一個閃逝的生命。

　　那是我最空蕩的時期，一清二溜，寂寞如深海，想不到他留下來了。彷彿，多出來的時光。每次迢迢過一宿，都當最後一次見面般想狠狠地記住。而他一次次軟化了。

　　（這個男人其實是善良的。）

給一個不可能兌現的承諾

　　女人，他太熟悉了，感情，太早接觸，無感如根本不曾識得。一個清純的女生，百無一用地挨近，一無所有、甘願一無所是地張開雙臂。他，已經太慵懶了，太倦怠太冷血也相對莫名易感 —— 所謂無感，不經意一個放空，反而容易被感動。女生犧牲付出什麼都可以無動於衷，唯獨一聲道謝，頓時他五脈暢通，如入無人之境，甘願繳械投誠。

　　遲疑一段時間，他還是吐出了承諾。

　　（明知不可為而為之。）

那麼就再陪一段路吧，姑且給出一個明知不可能兌現的承諾，換來一點幸福的錯覺。他曾探索自己被時間掩蓋的某個地層，咬咬牙、切開剖面，而這麼大的力道恐怕也不過只是一個打撈亡屍的動作——小時後父親越過田埂載他上學的腳踏車，私立初中學校的童軍服（後來莫名其妙收在我那裡）。大二那年，父親酒精中毒死亡，他沒有哭。18歲陪他初嘗禁果的酒店小姐，他性熱耳酣之際呢喃說好愛她。滿抽屜的情書，玩過火而收到的二一退學單，以及同時期因為賭通宵又睡過頭，來不及去談判而失去的女朋友。（那女孩有雙清圓的大眼睛和尖下巴，留下一張護貝照片，被我賭氣偷走。）

同年重新考上近距離並排名相當的另一所大學，且算另一個階段罷；鄭小雨飄進他的人生，活脫佻達如水蔥，說起話卻傻大姐一個，令他不經意中迷惑，匆匆四年不能承受之輕，輾過她腹中胎兒三回合。

最後分手，是在他陪她去墮了第四次胎後沒多久的攤牌。他就覺得奇怪！哪一次她不是吵著要生，這回卻頂識大體地主動說要拿掉？原來這女人心虛，心知肚明。原來自己還沒練到沒血沒眼淚的境地，恨極恨極了，他從來不承認自己愛過她，可什麼又是愛呢？或許因為他太明白，這次得真正分手，他絕計不可能再對她心軟擺爛。臨終回顧，無限燦爛的迴光返照中，竟一陣胸腔悶痛。

（或許太久不曾心痛，割捨一個老情人，竟有股重遇舊愛的滄桑甜美。）

那之後，我跟小介的感情只繼續維繫了半年。不過才兩

年的交往，便參雜跟鄭小雨的幾度交鋒，除了以新歡身分壓過她那一回，之後我便沒曾再佔過便宜。

（柔情攻勢只能暫時感動一個圖鮮的浪子。永劫回歸。而後只能是無邊無盡的煩膩。）

在他說出不要我了的時候，我感受不到一絲他跟鄭小雨分手的愁惻。唉鄭小雨啊，妳我攪和的前塵如煙，想不到會在妳走後半年勝負無預警揭盅，妳那些恨啊無助啊還什麼要殺我的，都算虛枉了。儘管沒得到實質好處，但妳無疑是贏者，單薄的身骨佼佼傲立，不再受限於時空，不再須要緊張地提防女人的腳步聲。

── 自妳走後，他搬了家，我堂皇入室，以女主人姿態為他整理套房，扔掉妳殘存的兩雙絲襪，大吸氣抽光妳剩下的三支七星菸，翻看妳的寫過的信，如當初妳拆看我的信。

而妳已然樹立起一道碑程，於妳，於他，於我。（我再說一次：自妳走後，我們的感情只繼續了半年。）

而我終會明白那些掩蓋住的善良。

那麼，現在我還試圖證明什麼呢？是是非非、誰勝誰敗不都過去好久了？我，不知不覺，步履維艱，走了好長一段路。縱使相逢應不識。

於是，小介是我的思鄉來源。愛是能量，也是原鄉。故鄉令人驕傲，有故鄉的人，走遠了也有依歸，滄桑歷劫也有生命力。舊時幽夢忽還鄉，會有已故者倩伶伶，對著小軒窗梳妝。

再堅硬也會流淚，疲憊極了也有勇氣再撐一段路。

（只怕倉皇負了卿，又負了卿。）

　　只怪一個惻隱，一點垂憐。正因我太明白由始至終小介
對我沒有愛，漸漸地我讀懂了他的地質切面，那冷硬土石之
下潛伏瞬間崩毀可能的潮濕怯懦。他的輕浮又固執，易感又
無情，消極而痛澈；我明白了那個時期為什麼他留在我身邊。

　　讀懂了他的善良。

書，影，聲，光

關於書籍，電影，音樂，小小的感想。
乍看，逸出生命格局的光影，
可能會是一瞬間，小小的孤立、死亡與再生。

夜空的等待・忠心的陪伴

門・啟程

如果沒有愛 ──《1Q84》裡的覺醒

　　這一次，重讀《1Q84》，有些什麼不同了，關於那種徹底孤寂中徹底的清澈純粹不惜犧牲生命、只要遙遠地被包覆著就可以從核心深處暖起來的愛，甚至不為所知地默默為對方而死。總是一個人殘渣般活著的女主角青豆絮語：「我這個人的核心，有的是愛。」

　　因為愛，在小說接近結束時，她決心採取行動。

從今以後會和目前為止不一樣。我再也不要被誰的意志任意操縱了。從今以後自己的唯一原則，就是順著自己的意思行動。我無論如何都要保護這個小東西。為了這個我會拚死盡力奮鬥。這是我的人生，在這裡的是我的孩子。無論是誰以什麼目的、如何安排設定，都不容質疑這是我和天吾之間所懷的孩子。絕對不會交到誰的手中。不管什麼是善，什麼是惡，今後我就是原理，我就是方向。無論是誰最好先記住這一點。

今後我就是原理，我就是方向。

我被撼動了。

過去我從她身上讀取到的只有「正因孤絕，所以純粹」

的遺族姿態，在一無所有中甘願捐棄她微小卻屬全部僅有的危脆與堅韌，以及心中尚未崩壞的部分燃起的一瞬之光、愛之相等於絕對真理的信仰，這次，有些什麼不同了，從今以後會和目前為止不一樣。

　　1984 年軌道線的交叉點被切換到 1Q84 年，一個有入口卻無出口的冷酷紀元，在天空浮著兩個月亮的奇幻真實中，青豆原以為自己是被動捲入者，在 BOOK 3 中她卻發現那是她「主體性的意思」，「而且我在這裡的理由很清楚，就是要和天吾相遇、結合。」這次，青豆展開主動，也就在瞬間她不再孤絕，不再是默默為遠在天涯、從 10 歲後未曾再相見的天吾而站在馬路口把槍塞進口裡打算自盡的那個充滿愛卻又卑弱不堪的生命。她不只做出犧牲，而且勇於捍衛，有生以來第一次為自己而追求。

　　不只願意死去，而且要再生。不只為天吾傾付所有，而且要找到他，跟他一起離開 1Q84 的世界。

　　現實生活中，我沒見過比青豆更孤獨孑子的人。

　　由於家庭背景因素，從小被同儕排擠，漸漸脫離家庭、與雙親斷絕，習慣一個人活著。唯一的好友大塚環是她稀有珍貴的溫度來源，但是卻死於家暴陰影，自此她成為「家暴終結者」祕密殺手，也幾乎不再有朋友。正職為健身教練，青豆擁有長期訓練、無一絲贅肉的身軀和姣好外貌，卻從沒有交往對象 —— 自從 10 歲那年，並無交情的男同學天吾在一次實驗課堂上幫助了正被揶揄捉弄的她，她心中便除了天吾再無異性能進入，當有性需求時上 Pub 找一夜情足矣。

　　屬於她的需求及滿足方式俐落明瞭無牽無扯，連生活與

家居環境都是空蕩蕩的，購物嫌奢侈，飲食清簡素淡，對她而言，「規則」遠大於自我——當發現自己置身於 1Q84 年，她首先想到的也是：「不管喜不喜歡，我現在正置身於這『1Q84 年』。我所熟知的 1984 年已經消失無蹤不存在了。現在是 1Q84 年。空氣變了，風景變了……保護自己的身體，為了生存下去，必須早一刻理解那個場所的規則，配合那個才行。」——規則是為了生存，強悍是為了自衛，然則生存與自衛為的又是什麼？

　　這個問題，恐怕是絕大多數人心中殘垣堆砌的疊句，而青豆只是更迷彩鏡頭下更深濃的顯影。關於這個女子的孤絕，我最不捨是她看到老婦給少女買金魚而心生羨慕，從來沒有人這樣為她買過什麼，於是她去夜市想買給自己，可是臨到金魚游曳卻又不忍囚於透明缸內，那讓她想到自己亦如是，最後只隨便買了橡膠樹，偏偏這株橡膠樹「垂頭喪氣褪色」，何嘗不反映了青豆的存在姿態？以至於，當青豆毫無留戀擱下所有屬於自己的一切投入危險行動，她唯一垂念的竟然就是這株橡膠樹。

　　「為什麼這麼在乎那棵橡膠樹呢？」

　　（這個疑問句被獨立一段強調出來時，我彷彿聽見青豆壓抑的哽咽。）

　　「天吾。」這聲呼喚是她二十年來殘渣般生存的唯一支柱，即便渺渺回音稀微如風中之砂，那個停留在 10 歲少年的身影卻恆長浩瀚。

　　（天吾在哪裡？）

　　村上向來擅於雙線寫法，BOOK 1 & 2 也以青豆和天吾

的觀點分章交錯敘述。大異於青豆之飄搖受孤立，天吾是數學神童和柔道高手，高大健康，受師長關愛，長大後當補習班數學教師，真正的興趣是寫作，然而總寫不出屬於自己的東西。一個不明白自己存在的人當然寫不出自己的骨肉，天吾的內在渾不似外表之穩健，小時候每個假日被迫跟隨父親挨家挨戶催取 NHK 費用的記憶是他揮之不去的陰霾，即使生病也無法躲過的痛苦與異類感交織；與父親之間幾乎無感情可言，早逝的母親也只留下白襯裙曳地與其他男人纏綿的幻像。

天吾女人緣好，交往過的女友來來去去，卻沒有一個能走進他的心。故事開始時他正有個已婚的年長女友，這個角色不太被正面著墨，後來的消失也莫名其妙，無論對天吾還是讀者都是謎。出於下意識的冀望，天吾懷疑自己與父親無血緣關係，極可悲地，連他探視住療養院意識混沌的父親，問他自己的身世，父親也虛無地回答：「你什麼都不是。」

作品中對於青豆的內心世界是直接陳述的，對天吾則相當比重地透過他對病床上父親的獨白來呈現。「我以前是個無聊的人，是個沒有價值的人。在某種意義上，是自己在糟蹋自己。……有一段時間變得不知道自己是什麼了。不過這是當然的事。因為實際上就什麼都不是。」

「活著，漸漸變得什麼都不是」，這個底蘊從村上創作初期即已成形，到了《海邊的卡夫卡》變成直接表露的意涵，並延續至《1Q84》。謎樣的身世，迷惘的心，活著什麼都不是，但天吾由始至終永不摧折地愛著那個瘦弱的 10 歲少女青豆。某方面他們同是畸零的孩子，青豆披著被胡亂剪成的長

髮，一身舊衣，面無表情跟著父母四處傳教，跟天吾被拖去收 NHK 費用的處境相仿，而在天吾對她伸出援手之後，那個冬日的放學時間，青豆突然跑來握住他手的溫度與力道，徹底撼搖了懵懂少年的心。

握住他的手，她的瞳孔注視他的眼睛。幽邃的景深，薄暮微光，花粉懸浮於空氣中。四周遽靜。天吾心中有海鳴聲。腰部深處的疼痛混合獨特的麻痺。

這一幕，村上用了很大的篇幅來描繪，無論氛圍與內心動作都寫得極美 —— 村上鮮少對於一個場景做出此種細膩深長的鋪陳，而整套書的人物內心世界勾勒，也是村上著作中最用心聚焦的；以至於符合讀者們期待的圓滿結局，在在揭示了年逾 60 的他不同創作心境。

夜間冰冷溜滑梯台上的重逢，兩人無言互相握著手，彼時詭譎的 1Q84 年還沒有被穿越，過去的滄桑無從解答，只是其中有些什麼還原並且凍結了從來從來無從失去的本質：

他們回到 10 歲的少年和 10 歲的少女。孤獨一人的少年和孤獨一人的少女。在初冬放學的教室裡。能夠給予對方什麼？可以向對方求取什麼？兩個人沒有力量也沒有知識。出生以來從來沒有被誰真正愛過，也沒有真正愛過誰。沒有擁抱過誰，有沒有被誰擁抱過。也不知道那件事今後會把兩個人帶到什麼地方去。他們當時一腳踏進的是沒有門的房間。無法從那裏出去。而且因此也沒有人能進來。當時兩個人並不知道，那裏在世界上只是一個完結的場所。無止盡的孤立，同時卻不會被染成孤

獨的場所。

如此純粹的愛。

在我心目中，《1Q84》是一部徹底充滿愛的小說，就像村上形容的，足以從芯開始暖起來。這部小說，僅管不乏負面評語，但豈不印證了書中重複出現的思維「有光的地方就必須要有影子，有影子的地方就必須要有光」？當然，作品不無缺漏，但是對我而言不重要。

只要有愛，其他都不重要。

透過種種迷眩讀者的創作手段、一個個奇幻世界的形塑，及至自成一格的文字與生活情調，村上始終不放棄探尋活著的意義，而經過三十年的屢創高潮，晚年村上所回歸的竟是如此簡單質樸的道理。不渝的純愛、努力拚得相依守的傳統公式竟然出現在村上春樹的小說裡？基於對村上的熟悉，大團圓結局是出乎讀者意外的，然而，愛好村上、嗜澀不嗜甜的讀者們，讀到青豆在路口舉槍，而天吾看見空氣蛹中身著純白睡衣的少女青豆，立志「我一定會找到妳」時，誰不期盼 BOOK 3 能來個大逆轉？

何止村上變了？連讀者也變了。

跟著村上走過《海邊的卡夫卡》的「成長覺醒」之後，這一次，我們體驗「愛中的覺醒」。因為愛之挹注，犧牲與覺醒的精神在故事中發揮得淋漓盡致。在父親病床前自語的天吾說：「我內心的問題就是很膽小。」「不過和那之前不同的是，我的人生最近好像終於有了變化。」看見空氣蛹中的青豆後，他下定決心要去找她，「不管發生什麼，不管那

是甚麼樣的世界，不管她變成誰。」這是天吾的覺醒，發生於捲入空氣蛹事件危機時、和美少女深繪里混沌交合後。小學教室握手的那幕隨著昏暗房間光轉亮而成為真正的時間，真正的場所，真正的光線。

感動多數讀者的還是青豆的覺醒。由於心的某部分還停留在二十年前的房間，天吾的覺醒多少帶有少年式啟蒙味道，而青豆卻踏過為天吾而死的關卡，又因為想再見天吾一面而活了下來。起初，那麼乾脆地投入暗殺宗教組織領袖危險行動，是基於她對屬於自己的一切並無眷戀，直到從宗教領袖口中得知天吾也記得並愛著自己，她和領袖交換條件，選擇讓自己死而天吾得以活下來，則是出於真正自我意志下的犧牲。

「妳可能會死。」領袖說。

「沒關係。」

「因為妳有愛。」

關於覺醒、再生，書中藉由俏護士安達久美之口說：「人無法為自己再生，要為別人才行。」藉由青豆，則作出透澈的演繹。當然，只是這樣還不夠。完成交換之後，青豆舉槍自盡這個舉動是為天吾犧牲後的一擲無悔，卻也是讓自己一生畫上悲劇性休止符的厭世作為 —— 真正的覺醒在於她可以為天吾死，也可以為天吾、繼而為自己生。讓她收起手槍的關鍵是遠方傳來空虛回音中的懷念溫度，彷彿有人呼喚她（天吾？）繼之興起也許能再見他一面的渴望，更甚之發現自己無媾懷胎，她知道孩子是天吾的，於是激盪出再生的覺醒意志。隨 1984 與 1Q84 之間的微妙奧祕，隱約揭竿而起：

對，1984 年或 1Q84 年，原理上的由來是一樣的東西。妳如果不相信世界，或如果其中沒有愛的話，一切都是假的膺品。不管在哪一個世界，在什麼樣的世界，假設和事實的分隔線大多是眼睛看不見的。那條線只能用心眼來看。

「如果沒有愛，一切不過是廉價酒店的表演秀而已。」書中引用的這句老歌歌詞令人印象深刻。

真實世界？廉價酒店的表演秀？

《1Q84》確有其弔詭或令人詬病之處。例如青豆如何確定自己的懷胎是天吾的？天吾和深繪里的雷雨夜交合是如何在青豆的子宮成孕？打從故事開始便彷彿無所不在的 Little People 到底是什麼？深繪里是 Mother 還是 Doughter？連美滿結局村上都留了一手：縱使青豆和天吾逃離了 1Q84，但他們是真的回到 1984 嗎？結尾特別安排原先的老虎看板方向是反的，前面的謎尚未解開居然又一個謎出現。《1Q84》可以說是只有開始沒有結束的小說，對此，村上只說，小說家要給的不是解答。

「我們越努力想成為善良優越而完美的人，影子往橫向破壞的意思也越明確。」那位反求青豆了結自己的宗教領袖闡述榮格的光影理論。光與影，善與惡，1984 與 1Q84，努力的意志與橫向的破壞，愛與廉價酒店的表演秀……

「廉價酒店的表演秀」，村上用如此輕鬆的比喻口吻帶過主軸之下一些沉痛令人掩面的發生事件，卻又賦與溢乎言

詞的悲憫。是的，兩位主角的結合沒這麼稀鬆，表面上是組織內部的接收者發生變化而放過青豆，實則青豆與天吾攜手跨越的是只有入口而無出口的冷酷異境、一場場無聲的死亡，例如女警 Ayumi 與牛河之死，是如此殘酷而令人無可奈何地被迫犧牲，他們的喪生彷彿是為了成全什麼。

這個關於愛與犧牲的故事裡，有形貌美者如天吾、青豆、深繪里，也有醜怪令人費解的牛河；最後不具生命性的神祕美少女深繪里不知去向，天吾、青豆團圓，而牛河被殺 —— 這個角色，無論生死都是悲劇。故事的輪廓村上先是沿用慣來的雙線寫法，BOOK 3 則跳出牛河的旁述觀點與天吾、青豆交叉並陳。牛河從一出現就是個悲劇性角色，不但貌醜出奇而且舉措可厭，更可異是牛河家中其他成員都相貌端正；他也曾結婚生子、擁有別墅庭院，但是都失去了，可以說是像青豆一樣一無所有、畸零的存在。

這樣的一個人，不為自己拚搏又能如何？青豆的畸零使她孤注一擲，牛河的畸零則發展為不擇手段，他藏匿偷窺天吾青豆動態，結果為此遭與青豆同立場並存有無形默契的冷面護衛 Tamaru 嚴刑逼供後勒斃，死得無聲無息連眼睛都是睜開的，最後急速盤旋的意念之一竟是：自己已經說出一切為什麼還要被殺呢？

所幸，在他死前得到過救贖 —— 望遠鏡彼端，深繪里明知他在偷窺卻不具嗔怪意味的眼神。（絕美而脫節式存在的深繪里，在此發揮真正作用，當然或許她的寬宥正出於無意志。）孤絕而如殘渣的存在處境下，青豆因為少時天吾的援手而有了存在核心，牛河也因為深繪里的眼神而得到前所未

有的溫暖。他們早已寒冷僵化，一點點溫度就足以溶解他們堅硬的心，暖到心胸深處都隱隱作痛。對牛河而言，「不接受疼痛的話，溫暖也不會來。」何其相似，當 Tamaru 對青豆說「這是個強悍的世界」，青豆回應說：「有溫暖的地方就一定有考驗。」

Tamaru 下手殺牛河之前，曾逼他唸出榮格的遺句：「無論冷，或不冷，神都在這裡。」在孤兒院長大、嘗遍世間冷眼的 Tamaru 是不相信神的，但是他莫名喜歡這個句子，如同因為傳教背景而備受排擠的青豆比誰都有資格否認神的存在，但每當到關鍵時刻，她會自然唸出兒時背誦過的祈禱文。

儘管並不理解也不願承認，然而，因為愛，或者還沒機會明白什麼是愛卻在內心隱隱然浮動的類似質素，他們其實都相信著神。

無論圓缺收場，悲傷終會以某種形式過去，信與不信、所有爭論都會過去，而 1Q84 與 1984 這兩個既非平行存在、界限又非肉眼能見的世界也還含糊其意，就連千辛萬苦所抵達的是什麼樣的世界都不可解。青豆只知道，即使還有謎與矛盾、黑暗與危險，她都要和天吾及腹中孩子一起留下來。

其餘的並不重要 —— 早在 BOOK 1 扉頁，不就寫了嗎？

這是個馬戲團一樣的世界，
一切都是裝假的。
不過如果你相信我，
一切都可以變成真的。

—— 聯合新聞網

蒙馬特遺書後事紀

　　到現在我才承認，邱妙津之《鱷魚手記》的確勝過《蒙馬特遺書》。或許是因為，被文字贓否所覆沒的情緒核心，我到現在才能懂（就像我堅決認為的，沒到一定年紀，斷不會懂《紅樓夢》之滿紙辛酸淚）。

　　對於邱妙津，無論文學成就還是其人格價值觀，一直沒有普遍性認同，但《蒙馬特遺書》卻一時撼動文壇，至今餘波不休。貌若現代「掃眉才子」吳藻的她，以飽醮同志愛欲哀愁的鱷魚手記獨領風騷，26 歲異鄉寫完蒙馬特遺書後，竟死於手執利刃穿心。

　　以前不喜歡最受好評的《鱷魚手記》，是因為這本愛欲自戀懺情之書，某方面，我感覺不誠實。

　　自傳性大學情事，女主角水伶的美與瘋，起初我直覺作者自抬；作者因受水伶的原型之美壓迫而脫逃，潛回後水伶瘋了，作者邊受折磨邊自殘，瘋狂因子蠢蠢欲動，自殺埋下伏筆。到蒙馬特時期一切成形，愛與瘋與死。邱妙津之用生命狂愛這位後來遇到的「絮」，是投注畢生人格靈魂接納度的完全性，絮的離去是因為不堪病態的愛欲與暴力，但最後這位自虐虐人者，終究傷害的是自己。

　　這部遺書，作者一生迴光返照，水伶化身為回憶中的「水

遙」，至於瀕死時殷殷照顧她的知己戀人「小詠」，跟作家
L，在形象同質性和背景對照上則呼之欲出。正好，L 就是我
最喜歡的作家之一。《蒙馬特遺書》中記錄「小詠」照顧往
昔戀人、當時知音的凝靜側臉，一波波生者何堪縈心而刻骨。
面對瀕死的摯愛，小詠異常冷靜，因為她想的只有當時此際
怎麼留住眼前那麼點生命氣息，焉知，既曾相戀而各奔東西，
遑論恨晚的相知？好一句生者何堪。聯合文學小說新人獎首
獎得主 L 急流淡出，「生者何堪……」一波波漣漪散盡，早
知亦如是。

　　一直很喜歡 L，因為她的「散步式」情感與才華深度，
因為她的剔透才情，或因她的緘默；最主要是，好奇怪，她
少量的作品中，竟然多處情境跟我的記憶是重疊的 —— 她寫
過一個書面翻譯的女孩，視透語言的荒蕪而選擇當個啞巴，
偏我也寫過純粹單向的感官世界〈獨白〉。（最妙是她寫那
個在床上落淚如雨的女人……）

　　小詠無疑是知性的，她的知性是她的沉默剔透與玲瓏秀
慧。水伶會瘋在於感情用事，她的瘋卻是她的純潔。

　　說穿了都是寂寞。

　　妳呢？

　　妳曾兼擁才華與愛情，才華令妳孤絕，愛情毀於妳的暴
戾，誰又料得最後妳毀的還是自己？毀譽參半的哀榮，大不
過生者何堪，但究竟生者何堪？長恨此身非我有，如果要找
答案，恐怕終得這麼句話。

　　妳逝世不知幾週年，印刻雜誌作了妳的特輯，但沒了妳
自毀的真情。

好像，我也一直到現在，才明白妳活著的純真。

妳，傾注了妳的一生。

　　　　　　　　　　── 聯合新聞網

你一生都是孤獨的少年

—— 給川端康成

　　如果說，「亞洲第二個諾貝爾文學獎得主」的禮讚是你一生的顛峰，在日本自殺文化盛行的時期，未留隻字片語而主動辭世，該視為你生命的終結還是另一波震盪的開始？

　　獲獎消息公布的那天，直至入夜你的家宅還人聲鼎沸，一台台鎂光燈代表的高度注目竟使你有目盲之惑，倉促間你莫名想起小時候與瞎眼祖父對坐的寂靜時光。前塵如沙，而「川端康成」這個名字自此響徹世界。從小孤苦的你，乍看什麼都有了，理當命運逆轉、否極泰來，因此，當你 73 歲那年，口含煤氣管的屍體在工作室被發現時，舉世皆譁然，沒有遺書，你的自殺之謎至今仍懸空於世界文壇。

　　一派說法是，諾貝爾獎帶給你的不是殊榮而是擾亂，煢獨慣了的你受不了世俗的喧囂矚目。一派說法是，你行至晚年已無法再超越自己的創作，對你這樣的作家而言便毋寧去死。更有甚者，說你眼見同期作家相繼自殺，徒弟三島由紀夫帶領日本自衛隊切腹的壯舉更深深衝擊了你，你在世更形寂寥。然而，倘若如你在自殺前十年公開說過的話：「最好不過的是自殺而無遺書。無言的死，就是無限的話。」或許

可以說，那是你這一生，最後一次追求「無限」了。

更或許，你，川端康成，所追求的無限，其實並不及「文學宗師」的巨大重量，撲朔迷離的自殺之謎，不過是年少伊豆之旅的延伸。73 歲的你，念茲在茲的依然是當年那 16 歲伊豆舞孃說的一句話。文學宗師的彩筆，青春舞孃的足踝。你一生創作泉源自此開啟，到死腦海縈繞的都是那一句話的緲陌芬芳，嬝嬝然為你送葬。

彷彿仍是那個親人相繼而逝的徬徨少年，你一次又一次地回到伊豆之旅，巧遇舞團結伴而行。溫泉鄉，純真舞孃，她叫做薰，一個溫暖芬芳的名字，一雙渾圓無垢的眼睛，看你的眼神不帶成見或憐憫，無意間指著你對同伴說：「這是個好人哪！」瞬間撼動瓦解你頑強的心。

整個成長過程，你聽了太多「這是個可憐的孩子」之類的話，但你甚至不懂自己為什麼可憐？如此被定義的你，該以什麼語氣跟這個世界對話？如何迎接別人多餘卻不帶惡意的憐憫？你習慣了築牆抵擋的姿態，薰天真無意一句話，安慰了你十幾年來的孤寂惶惑。

日後，你以短篇小說《伊豆的舞孃》拔出於文壇，長期創作也始終浮晃著薰的影子，榮獲諾貝爾文學獎的三本小說之一《雪國》，靈魂人物藝妓駒子也對主角島村說過一句：「你是個忠厚的人。」感動了島村。

孤獨依然是孤獨，但是有了慰藉和意義。為此，你甘願一生做個孤獨的少年，以此基調發憤著書。你到老年依然骨瘦如柴，大眼清癯爍利，一生沉默寡言，渾厚的寫作成就使這一切外在特徵都顯得深不可測。

　　內在的少年，卻始終無辜。

　　認識你、迷上你的時後，我也還是個少年。少年讀川端康成，會不會太老成了？悠悠經年，結果我從當年至今一直都被罵幼稚，始終迷迷糊糊地當現實白癡，巍巍站在文學的「無用世界」，頻頻朝這「有用世界」的入口徘徊張望。

　　某方面而言你也是如此嗎？流年如逝水，你的創作一波波佳評如潮，從早年的「新感覺派」直到晚年的頹廢派，你一年年垂垂老矣，眼神奇異地並存滄桑與純真。明明還是個少年，指尖猶存新綠的觸感，記憶中薰的舞步還帶著溫泉凝脂的撩騷馥郁，為什麼、彷彿有廢墟的氣味如影隨形？你心中尚未崩壞的部分，要如何保存？像你晚年寫的《睡美人》，用一具具服安眠藥的昏迷少女供老人解慰嗎？

　　那麼，是不是可能化衰朽於無限？（抑或者，也只是徬徨亂了？）

　　「徒勞」。

　　如你早在《雪國》中反覆沉吟的：一切是徒勞。《雪國》是你的顛峰之作，也是《伊豆的舞孃》的復活，藝妓駒子或許可以視為舞孃薰的復活，只是多了滄桑。越後女子雪般柔膩的肌膚賦予無限遐想，既精神又肉體，一個風塵藝妓，卻連腳趾彎都令人感覺是潔淨的。你還刻畫了葉子這個角色，側寫的手法憑添空靈之氣，這麼特出的女子在書中只正式出現三場，從第一幕火車窗鏡倒映燈火的奇麗眉目，到中間隱約瘋癲耗弱的言語，以至於結局的火災墜樓而逝，光影重疊的不朽意象轉瞬回溯島村和駒子的寂寞慰藉歲月。故事結束。

　　已婚的島村，該怎麼結束與駒子的情節？躺臥之際，恍

惚聽到水壺煮沸的聲響，混雜足踝的鈴鐺聲，由遠而近，抬望眼，駒子立於腳前，他知道是回去的時候了。這段描述在文字藝術手法上堪稱登峰造極，我對「美」的感悟自此開啟，而你榮獲諾貝爾獎。你同得獎項的作品還有《古都》和《千羽鶴》，屬於《古都》的另一種美感也被大多數人稱頌；《千羽鶴》中口紅印於杯沿暴露的不倫醜惡難免引人爭議，美與醜，矛盾與統一，川端康成，你的靈魂從來就不容易解構。

即使我，視你為一生孤獨的少年。但是，要說概括？

文學史上，至今無人能。

川端康成，目前亞洲三位諾貝爾文學獎得主中的第二位。不留遺書自殺的唯一。

你的徒弟三島由紀夫，率領日本自衛隊切腹，豪舉震驚於世。為了以併吞為目的的軍國主義，不惜切腹自殺，本質黑暗得令人難以消化。

而你呢？

即便是站在最八股的道學角度想要一味指責你，依然無法解釋，為什麼你竟於殊榮與滄桑交織後的 73 歲自殺？你的人生本質，真的沒有人能懂嗎？

我的年少，曾為你燃燒。

（即便是我現在想要探討你，也只會被認為是無聊的主題。）

（文學太式微了。即便如你。）

或許這便是我甘於寂寞的原因。

—— 聯合新聞網

迷路的孩子

—— 懷想顧城

2013 年 10 月，顧城逝世二十週年紀念，令人錯愕地，新華網反思顧城之死，標題是：「中國不需要愛無能的詩人。」

這世界是怎麼了呢？崩壞的究竟是顧城的世代與遭遇，是他的不倫、血弒、自裁，還是，根本整個，延燒的末世？

朦朧派詩人顧城，不同於北島、舒婷，多數詩作是那麼天真赤誠，實在太難跟他錯亂不倫的情史與弒妻、自殺的闇黑悲劇聯想在一起。

史實的邊陲，銜接他身著棉襖的年少黑白照，眼瞳直視那彷彿希望無盡的前方，笑靨純真如芒花成片。

最有名的一首小詩，〈一代人〉：

> 黑夜給了我黑色的眼睛
> 我卻用它來尋找光明

何等美而繾綣。知曉了他的故事再讀詩，黑暗與純真交織的血濺之花，難免予人錯亂感。苟得其情，哀矜勿喜。而我相信，他的本質，就是那麼天真，否則怎麼可能寫得出「我

想在地上畫滿窗子/讓所有習慣黑暗的眼睛/都習慣光明」這樣的句子？

分明他賦予讀者尋找光明的希望，卻又必須孤身去面對，關於自身內在巨獸嚙食的疼痛，那或許連他自己都無辜無解的朦朧渙散感知。

關於，那麼深的黑⋯⋯

最初。他曾經，用他黑暗的眼睛，尋找光明。

一如那首小詩中煥發的深邃剔透之美。兩行詩，兩行淚，天真，微哀。

或許原本只是單純平行的兩行路。

一個詩人，在路上。

怎麼會成為歧路呢？

或許也只是，不小心便迷路了。

然而，別漏了。這幾行詩之前，他已宣告：「我是一個任性的孩子/我想塗去一切的不幸」。

是的。黑暗之深、之難以承受、之不可能定睛注視、之不可逆行，他知道。只不過，他是一個「任性的孩子」。

那麼便註定了。任性，理想，耽溺，沉淪，世事弔詭，愛慾怪譎，終將他的天真搗毀至血肉模糊。

這樣的一個孩子，勢必忍不住好奇心而動手開啟潘朵拉之盒，愛慾腐朽轉瞬侵吞，他甚至來不及招架。心的崩壞無可洄瀾，而我不信他沒有對抗過。中途看似糜爛的過程，或許正是一場生命廝殺奮鬥的方式？

這是個瘋子嗎？在他弒妻、自殺之前（蓄意或誤殺無定論），那些關於第三者、三人同居、一個又一個的背叛，妻

子謝燁甚至買斧頭要他殺英兒以備自己投奔另一個男人……
太深的黑暗。不敢深想。關於他瘋狂的一路肇因，與那一筆
筆令人難以置信更遑論承受的傷害。

　　他究竟是瘋子，抑或只不過，是個錯手把自己生命全盤
搗毀的，無辜惶惑的孩子？

　　讓我們記住吧。他寫給至親姊姊的詩，那麼天真，飛揚，
無垢。複沓著，「我們相信」。

　　我想為他，繼續去，相信。

　　　　　　　　　　　　　　　　　── 有荷文學雜誌

綑綁上天堂

　　《綑綁上天堂》，大陸新銳作家李修文，繼《滴淚痣》後第二部作品。

　　文學光影的哀愁底蘊，愛與死的深沉質素，很適合由大陸那邊陣容搬演成電影。台灣出版時，已經計畫由李少紅執導，我很喜歡的陳坤主演，因此書的封面、內頁都是陳坤的黑白影像照。女主角本來安排是暱稱寶貝、靈氣閃落令人愛憐的周迅，李少紅的愛將，也是陳坤的老搭檔，外形戲路更符合女主角沈囡囡，不知道為什麼換掉了，好可惜。

　　喜歡陳坤，是因為他類似原住民原始質樸的深邃感官與生命力，這次演一個身患絕症的圖書館管理員，一張張黑白宣傳照展示著另一種文藝頹廢的生命流逝感，低調卻至死方休，無意中詮釋出張愛玲式華麗蒼涼的參差對照。

　　這是一部文藝而不艱澀、深沉的愛與死交織出內在絕望感的小說。雖不認同大陸方面給李修文加冕的「中國村上春樹」封號，但是確實還是有那麼一點點相似味道。罹患絕症的年輕男主角，寡言蕭瑟的身影，不管沉思，或者心不在焉，靜靜燃著菸的身影，都是他慣常出現的人物意象，沉默深思，卻又心不在焉。至於屬於女主角的天真爛漫，顯然亦大異於清淺單純的愛情小說浮水輪廓。

其徹底委身奉獻，既溢出村上春樹之筆，孤注一擲，又翻覆於自身宿命型態。

死亡陰影時時籠罩。本來約好了沒什麼了不起，天堂見，豈料無邪如囡囡，誰也沒想到為了醫藥費淪為竊賊。

現在我是個小偷，進不了天堂了。囡囡說。

妳會的……

最後卻在失竊逃逸時過失致人於死。

現在我不只是小偷，還是殺人犯，真的進不了天堂了！

那麼，我們綁在一起，一起進天堂。在那裡還會見到妳死去的弟弟，我們一起生活，妳每天幫我們煮飯，等我們回家……

囡囡背著已經氣若游絲，骨瘦如柴的主角，要在最末的一小段時間，一起到一個只屬於他們兩個人的地方去。男主角虛弱動彈不得地眼望著囡囡被捕失足墜死，那麼一點餘力，手持碎玻璃，賣力的，靜靜的，一點一點往頸脈刣去。還沒深入，想必，最後一脈氣息，早已從人世間流失。

——晚安，還沒睡著的人們。

最後一句遺留在人間的話。

迴盪得起來嗎？即使有風，有光速。

從沒有人聽得到。

主角還有個為愛癡狂為愛而生的朋友，愛上遭家暴的有夫之婦，「你敢砍自己五刀，我就讓你帶走她。」當場，這人還真的狠狠連砍自己三刀，不支倒地，「你等著，剩下兩

刀先欠著。」

那個威凌暴虐的丈夫，竟當場痛哭著跑了。

傷勢稍癒，那個狂人便抄刀追著對方丈夫跑，急於要當面砍自己還那兩刀，好帶他的愛人走，而那凶惡虐妻的男人呢？總撒腿就跑，逃了又逃，逃如奔命，還一邊哭著，最後情急跳進蓮花池，一身污泥，答應簽離婚書。

辦好離婚手續那天，這個洩光了氣的男人，買一堆餅乾零食給孩子。

其實也不過是軟弱。極深的軟弱。

李修文初試啼聲的成名小說《滴淚痣》，一樣也是身世漂泊的亡命男女相依維生。裡面有個不太重要的角頭老大角色，一次次押著身卑命賤的女主角藍釦子去賣淫抵債，最後被藍釦子往臉上捅了一刀。

其實，我知道他不是壞人。藍釦子曾說：每次都是他押著我去，可是他不是壞人。這男人以前在中國老婆跟人跑了，他砍死那對男女，逃到日本，當起角頭老大……

那人總抓了欠債賣淫的女人，邊揍邊罵：「妳說，妳為什麼這麼賤啊！」

一邊歇斯底里痛哭。

其實不過是軟弱極了。

藍釦子是個漂流日本、回不了國的年輕妓女，跟男主角一起躲債，一起被逮到狠揍，流著血罵幾句他媽的，然後一起笑起來（這是趙薇和劉燁主演的另一齣改編連續劇）。後來。藍釦子變聲子了，偏弔詭地從此閉上嘴當啞巴，手拿著刀片往腕間一比，以此威脅男主角，拎起一桶藍油漆，把整

面牆塗滿：「藍鈕子是啞巴」。

　　藍鈕子死後，男主角捧著骨灰浪盪街頭，又哭又笑地低語：「藍鈕子，妳是啞巴。」

　　或許，我一直喜歡大陸劇和小說，某方面原因若此。

　　沈囡囡是天真浪漫唯情而充滿母性的女孩，變成小偷，再淪為殺人犯。

　　藍鈕子是個遊魂般的青春妓女，浪蕩在日本街頭，一頭黃髮，走到哪都嚼口香糖。活著不受尊重，死得也無聲無息。

　　我喜歡沈囡囡，好友喜歡藍鈕子。

　　我們都是那樣孤寂而且不合時宜、不完美的女生，潛藏一股熱情的能量，彼此相愛，而又很幸福地被很多人愛著。

　　所以我們迷上李修文小說。在靜靜的 2004 年。

　　　　　　　　　　　　　　　　　　── 聯合新聞網

純潔與邪惡或是互通的絕望

一、

很喜歡的《愛殺十七》，怪異美少女張韶涵分飾二角，有個性的黑色長髮高材生徐宜真，和溫柔的褐色短髮雙胞妹妹徐宜靜，青春的生命與命案交織，純潔與邪惡輝映成互通的絕望。

純潔與邪惡。張韶涵貓樣的大眼定定地凝住。主角是姊姊徐宜真，連名字都比妹妹宜靜好聽，頭髮也長多了（什麼比較嘛）。可憐的宜靜，雖然也是品學兼優的好學生，但有意無意總被天之驕女的雙胞姊姊比下去。女校長的一對寶貝，姊姊宜真的率真活躍，妹妹宜靜的柔弱嫻雅，簡直珠光連璧；而最絢爛也最危險，有一天青春命案開始連續發生。

最先死的是宜靜。

那麼乖巧無辜的女孩，究竟誰忍心殺害？一連串追查下去，竟然，陰謀也恰恰由她開始⋯⋯

一直偏愛暴力美學，有人性面那種的。宜靜的一雙大眼安安靜靜靈靈閃閃，笑起來虛飄溫存，不太說話，而每當聲音輕啟，秀潔的小臉便依稀散發天光似寧謐品質。

最溫柔也最乖戾。在那種人性寫真裡，暴力只是軟弱者不得不強悍的偽裝，既弔詭又身不由己。純潔與邪惡交織，或是互通的絕望。最純潔的宜靜，原來也最邪惡。

但是，有時候恍惚之間，我彷彿感受宜靜的心情，風平浪靜下的波瀾暗潮，反撲起來尤其洶湧。為什麼要壓抑呢？有時候真的很努力很努力卻怎麼也缺乏那最後一絲勇氣啊，要對抗的巨浪太強，逆來順受是生存的姿態，而最深處那一簇火光時時刻刻隱隱作祟著，水面之下的蠢動是微弱而恆久的悲哀，在每個不經意的瞬息之間聚滴成流。

其實不過是絕望。恨透了自己無能極了。

或許這世間質能不滅，總有一闢幽微之境吧。

定定凝眸，那雙大眼恍惚而深邃，隱約有水晶斑斕。

檻外斷橋間，寂寞開無主。屏息一瞬，琉璃碎裂一地。沒有人看見。

孤注一擲。以命賭命，如此殘忍決絕，或許只因太過茫然，茫然到沒什麼好在乎了，倉促間只求能體驗活著，連神志都喪失了。

最邪惡也最無神。

二、

日劇盛行年代，膾炙人口的野島伸司劇作裡，有套較小眾的黑暗三部曲：《無家可歸的小孩》，《人間・失格》和《高校教師》。

真田廣之和櫻井幸子主演的《高校教師》，以寂寞始，

死亡終，師生戀的浪漫梗概中，有亂倫，有強姦，有暴動，有勒索，有同性戀，有惡意戕害。櫻井幸子演的女高中生，潔白圓潤的臉上總伴隨一抹如雪的寂寞，早熟而滄桑，那麼年輕卻倨傲得像是沒什麼好在乎。太悶了，令人難以捉摸她在想什麼，這個孤僻的女生，幾乎沒有表情，只有動作，靜靜的演繹：被學校太妹挑釁，她可以拿刀刺傷同學小腿而那麼安安靜靜；發現愛戀的老師被未婚妻玩弄了，她不作聲不通報，只輕輕一伸手 ── 這個默不吭聲的女生，竟然惡意把人推下電梯，這種事都做得出，站在電梯上岸的她還是一臉孤絕傲岸，好像連冷笑都不曾。

那個晚上，剛犯案的高中女生二宮繭，若無其事地在電話亭打電話給老師，「老師，我想聽企鵝的故事。」那麼自然地綻放起無邪笑容，而且是，真正的無邪，那種什麼都不計較而充滿善意的甜美。老師的未婚妻嫌他只會說企鵝的故事，所以，她氣憤地把那個女人推下電梯。這個只會說企鵝故事的老師，別人不懂，但她單純地愛著他的一切。

孤注一擲。

「我會保護老師喔！」身著白色水手服，她朝年輕憨厚的新進男老師圈住嘴形，活潑俏皮高聲叫喊，乾乾淨淨無一絲陰影，就像一般平凡清純高中生一樣。

一捧細雪忽焉幻化，還原成融融春暖，一切那麼單純淨好。傾注所有存活縫隙，遙遙依稀的快樂希望。

這女孩單純嗎？根本還未成年，傷起人來熟落不眨眼，她，甚至跟親生父親亂倫。

最後，父親自焚，失去所有而被通緝的男老師，和追隨

他的女學生，在畢業典禮當天，依偎流亡到海濱，兩個人手指各繫一端紅絲線，相對而笑，乾乾淨淨的海濱，地平線只有風與流砂。就在他們雙雙殉情的時刻，一切又還原成單純淨好。

這場愛情悲劇，刻劃的是生存之窒礙、無法喘息與身不由己。男女主角，一個在冷眼、鬥爭、惡意玩弄下失去了一切，於是愛上會陪他哭泣的未成年學生，危殆縫隙中找到他生存僅有的光輝所在。而這個做為他光輝來源的女孩，其實習慣了活在髒污之中，原本就一無所有，身不由己也無意反抗，冷眼穿梭在凌虐她的家庭和冰涼的學校，空蕩蕩宛如幽靈。

對於悲苦，她選擇置之不理、不逃脫。冷漠無感，是年輕無力如她的生存之道。可是，老師出現了。只有在老師面前，她不用背負向來如影隨形的重擔，釋放出壓抑的情緒，她終究只是個平凡的高中生，活潑輕盈熱情的女孩，滿蘊愛的能量，前所未有、因而毫無流失地整個圍向她的老師，只要依然還有暖流的存在，就足以覆蓋整個世界的惡寒 —— 即使赴死，他們滿懷勇氣與甜美。

「現在，我心中充滿一個純潔無瑕的女孩對我完全的愛。」最後的口白。

真的是純潔無瑕了。原來，身體的污穢，有時候反襯的是靈魂品質的真正純潔。

青春殞落的二宮繭和徐宜靜。

純潔與邪惡或是互通的絕望。

—— 聯合新聞網

什麼事讓張懸分心？

　　容易分心的時期，聽歌是很不錯的排遣，尤其在靜靜的上班時間莫名失落的時候。自從去過小樹《1982》新書發表會 Live 串唱現場，被 Tizzy Bac 給驚豔到，他們的專輯《我想你會這樣都是我害的》成為我的生活配樂，連我乖乖遵守上班聽流行、在家聽古典的固定模式都顛覆了，就像他們上一張專輯名稱《甚麼事都叫我分心》，我天天都在分心，原本就不靈光的狀態雪上加霜，幸好上級都很忙，暫時沒時間來罵我。

　　杜德偉的「脫掉」將成為車子拖吊配樂歌，我跟主編吃飯時哈哈大笑，我還伺機惡毒地說出希望誰誰誰車子被拖吊。

　　現實是，我自己一直恍神拖稿。

　　拖稿，一分心就胡思亂想，沒事氣呼呼，一下有好玩的事又笑咯咯，不知道自己在搞什麼，不敢認真靜下心，深怕細追究會討厭自己。禱告會完跟主管吃飯，回公司路上我對他坦承（其實應該是求助），這幾個月我一直難以寫稿，憂鬱低沉持續，吐露完，回公司呢繼續分心，還大膽丟下工作要求他花時間陪我禱告（依然在求助），結果獲益很多，他求神帶領隨機選樣的靈修題目，都命中了！最後我們禱告結束完，我振奮的對他說，好想抱他喔，「ㄟ！」他迅速笑著

ㄅㄟˋ我。

其實，在我這麼要求的時候，已經是突破的第一步吧。像我對他坦承（求助）的，我很怕：憂鬱起來被討厭。不知算不算一種做賊心虛，我的認知是，人，似乎容忍度可以很大，願意的話，任何壞習慣或壞脾氣都可以包容，唯獨，莫名其妙的憂鬱悲傷，會令人毛骨悚然。呵，這是根據我「多年來的人性觀察與寫作經驗」啊！不然，為什麼修養那麼差的小介，寧可容忍「她」大鬧一夜又打他又說要殺我，而我敢怒不敢言的悲悲切切，卻令他發怒難忍？或許，是因為宣洩出來再怎樣都可以招架，唯獨悶不吭氣的一股幽怨在胸，虛無飄渺卻時時縈繞，抓不住、控制不了、打罵不得，更令人吼不出而氣結胸悶？

這就是我最怕的。要死不死，我就是這種人。

有些事我很努力而找不到答案，可是，就像村上春樹的有入口就有出口，總有出口總有答案啊？如果對方是好人，那麼錯一定在我。但是，我錯在哪呢？我想檢討拚命的想，綜合討論談判之後還是想不出來；那麼，錯就錯在，我就是莫名的討厭？

很有文學味道的專輯名稱和文案製作，充斥輕搖滾自命不凡的不羈氣息，「我想你會這樣都是我害的」？第一首歌 "Sideshow Bob"（餘興遊戲），分明遊戲人間，卻又說自己「天生勞碌的命，適合演獨角戲」，在下佩服 —— 或許正因為天生當不起這種角色吧，我迷得暈頭轉向，就像我從小乖乖牌卻一廂情願迷戀撞球的酷勁；像我玉質纖纖的朋友螞蟻小姐，毅然投入累死人不償命的佛朗明哥。

　　樂評說，Tizzy Bac 的牢騷系風格直抒胸臆，讓人又愛又怕。基於這種效應，一陣子之後我轉聽張懸，乾淨清澈甜美，是種不會沉迷卻不可或缺的存在。迴異於 Tizzy Bac 理直氣壯喊出「甚麼事都叫我分心」的姿態，張懸沒說她分心，可是，可以想像，她安逸於分心，還用這種方式活得恬靜自在。這女生隨和謙沖，完全看不出父親是鼎鼎大名的焦仁和；代表作「寶貝」原來是 13 歲那年離家出走跑到河堤哼唱創出的，情境那麼悲傷，整首歌卻甜死人不償命。

　　聽過有人說，「如果可以，要當人生界裡的張懸，別當人生界裡的陳綺貞」，理由是張懸隨和，陳綺貞驕縱。酷愛陳綺貞的 Daisy 哇哇不平，哈，說到這裡，我不禁附議，Daisy 妳厭惡被說驕縱，但是妳的才華和直率、戀愛的小心眼，的確跟陳綺貞很有同質性呀！我呢，雖然一點也不像張懸，但是我認真的，好希望做個人生界裡的張懸。

　　寶貝。不輕不重，不疾不徐，甜蜜蜜選擇自己的定位，即使處於懸宕中，也坦然視為一種人生階段性格局。

　　深情在睫，孤意在眉。於是我偏愛 Tizzy Bac 的豪情，而渴望做人生界裡的張懸。

　　　　　　　　　　　　　　　　　── 聯合新聞網

如果看見地獄，我就不怕魔鬼

　　Tizzy Bac 對我而言，不只是鋼琴搖滾優秀樂團，而是一種生活姿態。從第一張《甚麼事都叫我分心》，到得金曲獎的《我想你會變成這樣都是我害的》，既懺情又漫不經心的牢騷系詞曲迷死愛耍文藝又急於撇清做作的矛盾的我。懺情而漫不經心，牢騷咕唧的意圖其實是無害的野心，利用通俗形式秀出炫目的才華，無意間多少呼應了米蘭坤德拉的反媚俗，不能承受之輕。這次出手更炫了，《如果看見地獄，我就不怕魔鬼》！Tizzy Bac 撩搔的是我、我們想哭又不屑流淚，不管是不是真的那麼勇敢都渴望豁出的韌性與孤注一擲。

　　寫這一篇的前一晚，我也才剛從天真妹妹那裡聽到別人對我的評語：「妳姊姊不管在說什麼話的時候，聲音表情都好像在說：『我跟你說，我很可愛喔。』」哈哈！今天我興致勃勃地說給同事聽，沒有人笑得出來，反而表情都蠻難看，好像在替我難堪，或許這算是我的超人處吧，不只是自我解嘲，而且還真心快樂地笑開來，好像是不關己地那麼平常那麼好笑。

　　笑一個，寶貝。說起來，似乎也好久沒哭了哩，是不是在正要度過軟弱期的關口突然間有人說我堅強，突然間風雨生信心了呢？

　　我不知道自己算不算看見過地獄，但我墮入過屬於自己量身打造的獨有地獄。我很怕魔鬼，老實說。可是，當我且作不知天高厚地說出「我不怕魔鬼」，彷彿，氣壯起來，變了一個人。

　　雖然我也就是，一直以來，手無寸鐵，頸間兜大餅，一推就倒，一擰就哭，老搞些親痛仇快的鳥事，失戀則泰山崩於頂，酗酒、精神顛倒、自殘、到處哭，而倦極了總會睡著，醒來世上已千年。彷如前世的痛與愁。

　　多年來手腕褪不去的傷痕累累，天地依然完好無缺，松浦太郎童顏鶴髮，重新返回這社會（喔不，應該說慢了好久才終於踏入），赤手空拳手無縛雞之力，處處碰壁但我好珍惜，啊，我，像我這樣的人，終於也能正常作息工作生活，至於我的無能跟不上，就先得過且過吧，能生存就夠好了，就算是苟延殘喘，總比過去進步得多，我依然願意以自己為榮……想不到，措手不及被照顧我的人修理，循舊模式又哭又鬧到處去訴冤，哭哭啼啼跑了一大圈，結果卻無堅不摧，打擊我的人說我其實是堅強的，愣了一下，突然間覺得好多淚水說不明白，好多自己都來不及明白的已經吞吐成山脈。

　　不爭則莫使與之爭，容易摔跤因此爬起來的次數更多，愛哭則好多次揮袖擦眼淚，柔弱勝剛強。

　　年前，我最愛的 Tizzy Bac，新專輯《如果看見地獄，我就不怕魔鬼》開始預購。親愛的王瓊玲老師，繼幾本學術論文之後出了小說《美人尖》，對我們這些粉絲學生而言可說是開春第一砲。曾經的驚天動地，都將會雲淡風清，十幾年前開始癡心跟隨老師，聽她在講台上悠悠地說，眼前的她依

然神清骨秀。老師酷愛張愛玲，在我某次惶然失意的夜晚，電話那頭，喜歡引用張愛玲對我說，生命是一襲爬滿蚤子的華袍。

「在被爬蟲逗弄得全身發癢之際，你是奮起抵抗還是消極放棄？」她在《美人尖》中拋出此問。

欲說還休欲說還休，卻道天涼好個秋。其實我哪裡看見過什麼地獄？又哪有資格說什麼不怕魔鬼？只是一路跌跌撞撞，受盡呵護，也跟一般人一樣吃吃排頭、經歷點滄桑，然後，一年伊始，跟大家拜賀，彼此說，明年要更好！

以後還會有地獄魔鬼嗎？或許吧。怕嗎？

（怕。）

但我可以在深呼吸的三秒之中，走一遭不怕魔鬼的巷弄。然後就像王家衛戲裡「時間過去了，我們曾是一分鐘的朋友」般，定格成為不容改變的事實。

—— 聯合新聞網

都是 Tizzy Bac 的牢騷不徹底

從年前就開始預購苦等的 Tizzy Bac 的「淬煉兩年 恍如隔世」新專輯：《如果看見地獄，我就不怕魔鬼》，光名稱就煞到我，Msn ID 好陣子固執地秀著這兩行字。年後近一個月火燙拿到，此時值水深火熱截稿期，主編特許，這段時間我最大，於是我有恃無恐，辦公室裡終日大鳴大放，徹底模仿 Tizzy Bac 率性自我清狂勁。可憐聽不習慣的乖乖派同事，尤其經我桌上劣質喇叭傳出，四面八方幾乎僅能聽見電音和模糊的嗡嗡叨叨，「這到底什麼呀？」我洋洋得意宣告：「這叫做『牢騷系』。」對於我的愛現，他們顯然一團霧。（他們向來不懂我是愛現什麼勁。）

光是這樣還吐之不快，Msn 敲我的才女公務員朋友螞蟻，（她跟我有個共同理念：只有 Tizzy Bac 堅持正版。）聽完我用誇張口吻大力猛讚完，她建議：「妳這麼喜歡，應該寫篇文章，幫他們宣傳呀！」咦，可不是嗎？很快主編卻一針見血說：「什麼妳幫他們宣傳？應該是寫了他們，他們的影響力在幫妳宣傳吧。」殘念。

我承認我怕魔鬼，弔詭地，心中有時又容許魔鬼。

宣傳文案氣勢磅礡，《如果看見地獄，我就不怕魔鬼》，一出手就大有語不驚人死不休之態，同名歌曲更加入鬼魅般

鋸音，把夜的寂寞詮釋成床邊的魔鬼，歌詞：

「我的身體是個大房間，我自己卻不在裡面，生命裡幽暗好多，嚇壞我，對，大概就這樣失了魂魄，大概這樣才回不了窩，這是哪裡我是誰？（你是誰？）」

明明就是要抒發情傷的感懷，卻又用鋼琴搖滾的強勁編曲包裝。這就是 Tizzy Bac。

自稱「牢騷系」樂團，也有人將他們的音樂歸納為「成人另類」。這張專輯，包辦大部分詞曲創作的主唱兼鍵盤手陳惠婷說是邁入 30 歲的紀念作，除了一貫的牢騷風格，還野心挑戰黑色夜晚，整體風格確實更加堅韌強勁，從一開始重音爽勁的的「鐵之貝克」，就不改搞怪本色：「我不能愛，我不能愛，要是再不能愛，我怎麼辦？」故作白爛挺合我 Tone 調，到了第四首「婚禮歌手」，輕快唱腔牢騷的是：

「No No No 請別為我悲傷，我並不可憐只是悲傷罷了，看我的工作多麼高尚，專業的婚禮歌手散播陽光。」

喔，又開始苦中作樂了，我最愛 Tizzy Bac 的苦中作樂唉哼勁！

最絕的還是第一張專輯《甚麼事都叫我分心》中最後一首歌：「想要的得不到」，大嚷特嚷苦中作樂到極致，完全對我味，我連睡前都用雞貓子鬼叫的歌喉叫囂，被老公 K 幾下，「妳唱歌好欠扁！」他 K 幾下又笑，我則照樣忝不知恥。

忝不知恥，又狹心症，這就是我。常常犯小心眼，認真地牢騷嘀咕撂狠話，很快又破涕為笑，180 度改口，完全沒信用可言。安靜的上班時間，或狹心或少根筋，我不為人知的小心眼哀愁，天真地認真的傷心，實心人最認死扣，沒擔

當故又忝不知恥。有時我驚嘆世界如此美麗，有時苦惱地想著村上春樹說的「有入口就有出口，除了補鼠器」道理；享受「小確幸」，情緒氾濫起來又什麼也顧不得，真希望拿出玉石俱焚的勇氣，但我是那麼、軟弱得不徹底。

就像絕大多數人一樣。鍾文音在書信散文集《中途情書》中說，讀村上春樹《挪威的森林》，讓她驚訝，怎麼會有人活得那麼純粹卻又那麼苦？我，一直活得都不夠純粹，常常自苦，卻也苦得不徹底。我的視聽中心是閱讀，紓發方式也注定了是書寫，可是，週間五天上班生活，靜靜的辦公室裡，聽歌還是情緒排遣最直接的媒介。「怎麼有人可以活得這麼酷？」心情好要聽，情緒不好或士氣低迷時更堅持放 Tizzy Bac，悄悄地向他們借點理直氣壯的勇氣，可他們，也許驕傲的根本不是勇氣，而是自然的姿態。

於是我想到，初次聽 Tizzy Bac 的場景。跟黛西、螞蟻去聽樂評人小樹小說《1982》新書發表會，Tizzy Bac 和蘇打綠、張懸等人 LIVE 串唱書中出現過的歌，我本來就好喜歡的張懸甜甜地唱「玻璃心」，到了 Tizzy Bac 惠婷出場，中性打扮鋼琴談唱老歌 "Dance Me to the end of love"，改編得俏皮率性，結尾餘音高亢繚繞到巔峰，意氣風發地謝幕，瞬間點燃暗黑的燈光場地。從那時起，我就迷上了。

「怎麼有人可以活得這麼酷？」從第一張《甚麼事都叫我分心》，到得金曲獎的《我想你會變成這樣都是我害的》，懺情而漫不經心，牢騷咕唧的意圖其實是無害的野心，不需要微言大義、迂迴之美或所謂深度，他們就是要以最直率的方式明目張膽秀出炫人的才華。

才華炫世，但他們又酷愛世俗，可以樂呵呵唱「酒後的心聲」，還能改編翻唱「不如甭相識」，自創曲高興起來隨時來個台語版。苦中作樂愛促狹，說什麼「我想你會變成這樣都是我害的」，雖然我稚弱的所謂影響力或許從不足以害誰變成怎樣，可是愛死了這種句法，又清狂又懺情，直逼清代才女吳藻的「一樣掃眉才子，偏我清狂，要消受玉人心許」，分明情傷斑斑在目，卻又要裝模作樣地以情聖之姿來安慰他人。第一首歌"Sideshow Bob"（餘興遊戲），歌詞「喔我天生勞碌的命，適合演獨角戲」，又來苦中作樂了！怎麼會有人、可以活得這麼世俗又這麼酷！

樂評說，Tizzy Bac 的牢騷系風格讓人又愛又怕。

雖然我稚弱的所謂影響力或許從不足以害誰變成怎樣。那麼，如果我反過來說，如果我會變成這樣都是你害的，會不會、更謙遜也更寫實一點？

我是如此，軟弱得不徹底。

之所以酷愛 Tizzy Bac。

── 聯合新聞網

新同居時代

　　有個時期，我到了假日總是莫名寂寞的，即使老公從早到晚都宅在一起，可是我不喜歡他打電動的背影，無事可做，欲說還休，沉落吞吐到了週日的天色暗下來，突然有種急促的失落感敲痛我的心。

　　想看書，或只能看書。紙墨氤氳下的文字情境一如我們曾經熟識的浮光掠影。那時期我開始想多看江國香織、山本文緒這些描寫女性寂寞與婚姻矛盾的輕小說，博客來陸陸續續訂，中午吃完飯，跟主管同事順道去 7-11 拿書。（欸，蠻像她們筆下無聊而哀愁的女主角。）

　　無聊而哀愁。江國香織輕盈，山本文緒麻辣，但她們的女主角都有這個特質。第一次讀江國香織是小說《沉落的黃昏》，從此不分青紅皂白地愛上江國香織 —— 因為她的小說儘管基調類似，讀完一圈，我喜歡的還是只有《沉落的黃昏》，由始至終內在基調一如書名，乾淨，哀愁，彷彿凝結的空氣，若無痕跡，而江國香織說，這是她一直喜歡的感覺。

　　既如凝結的空氣，若無痕跡，情節自然不取向精采迭宕。訴說的是一個哀傷的療癒故事。悠然啟卷，是女主角梨果被交往八年的男友健吾背叛，而健吾的分手原因竟然是才認識三天的華子。櫻花遍野的假日，健吾痛苦地說著「對不起」，

向來柔和的梨果也只是喃喃重複：「不要再說了……」重度
失戀的梨果照常上班，每天晚上一個人哼歌、做家事、喝七
喜，一無任何反常，因為對她而言，一旦表現崩潰，就相當
於承認、面對健吾離去這件事。

　　這樣逆來順受的失戀女性，讀者還來不及疼惜，便遇到
令人咋舌的荒唐事：健吾的外遇對象華子，一臉天真跑來要
求同住，說是「一則妳的房租負擔不會這麼重，一則我有地
方住，藪內哥（健吾）也不用擔心了」，「擔心妳還是我？」
梨果苦澀地問，卻真的答應了如此無厘頭的協議，因為這樣，
健吾來看華子的時候，自己也見得到健吾了……女性讀者讀
到這裡想必都跳腳了，尤其透過梨果眼中所形容的華子，儘
管蒼白而瘦得像孩子，卻美麗、冷淡、令所有男性著迷，（除
了健吾，之前還有健吾的朋友為華子跟才貌兼備、閃電熱戀
的妻子離婚。）就連這段感情也是健吾自作多情，華子始終
似乎對什麼都不在乎 —— 華子的形象，根本是女性公敵。

　　相對地，梨果的作用相當於第一人稱敘述者，一個溫柔
吞吐的扁平人物，透過她融為襯底的雙眼，華子從外貌舉舉
到刻版的生活作息都栩栩活化，這樣一個慵懶、無生命力的
白皙女子，總是倒了牛奶喝不完、大白天睡得香甜，家居娛
樂幾乎只有聽收音機，留張紙條，人一晃就倏然不知上哪，
再無預警輕飄飄回來，整個人的重量跟來去行蹤，簡便得像
她搬來的行李，只有一台收音機、一只脣膏、一瓶絲瓜水跟
寡少衣物 —— 這是她的存在，一個顛倒男人、自己卻什麼都
不在乎的存在。

　　華子和梨果的存在，一個是不能承受之輕，天真、愛笑，

卻冷漠無情；一個溫柔深情，恬穩如夕陽，她的輕，是一種
逸入姿態的隨遇而安。有一天華子不堪健吾為她痛苦爛醉，
氣呼呼跟梨果說別讓他再來這了，梨果卻不慍不火，「這裡，
永遠是健吾的家。」華子愕然一下沒說什麼，梨果能輕易讀
出華子的納悶：可是，健吾不愛妳了，他會來，也是因為我
華子在這⋯⋯

　　特別的是，梨果和華子之間竟然建立起一層微妙的情
感。華子留紙條失蹤，梨果會著急，而華子也以為梨果是怕
寂寞而馬上回來了。華子真沒感情嗎？她的感情都傾注在她
的弟弟身上，她特地帶梨果一起見弟弟，當晚對梨果說：「我
什麼都不相信。不相信愛情，不相信友情；不相信自己，也
不相信別人；不相信幸福，也不相信不幸。」過去她只相信
弟弟，現在，她把她所有的不相信吐露給梨果。

　　這個哀傷的故事，情節不取向精采迭宕，就連最後最後
華子靜悄悄自殺而亡（這樣的一種存在，果然自殺了。）筆
觸都雲淡風清，對梨果而言彷彿猶在，喪禮上還對健吾說，
如果華子在場一定好玩多了。

　　至於，梨果跟健吾會圓合嗎？最後，兩人角逐賽般在既
渴望又抗拒的矛盾情結下肉搏了一場，雲淡風清地相偕走出
公寓。好像一切不曾發生。結束了，沉落的黃昏。式微的感
情與，生命。船過水無痕的同居時代，正在掙扎的我們與寂
寞，早就知道生命的本質是哀愁，蓬勃時不甘對抗，累了暫
且隨波逐流，終究不願妥協而又無力貫穿。

　　那麼，還是閱讀吧。

—— 聯合新聞網

小眉小眼小女人

　　《愛是恆久的神智不清》這本小小的書，本來光看書名我還拉不下臉買的（我很矯情，承認先），是連續聽了黛西、螞蟻推薦而心動，尤其螞蟻說，「花一點小錢，換來每天睡前的好心情」。包裝很精美，文字簡單好讀，極盡江國香織式的甜美與哀愁，「好小女人啊！」我對著黛西感嘆，「很江國香織。」她再調整得更貼切點。對啦就是有夠小女人，當初她就是這樣推薦我，說充滿小女人的感受，我應該會心有戚戚焉。

　　可是呢，不知道是不是因為脫線跟品味差（還剛被主編顛倒性別無厘頭的取個「沒品『男』」的外號），本女子、明明就小眉小眼愛計較，卻難以體會小女人婉約心事。《愛是恆久的神智不清》寫江國香織的新婚心情，我也還算新婚期，看了卻：「啊原來是這樣嗎？」「有這麼甜美/酸疼嗎？」驚嘆連連，最後：「那、我是怎麼回事？」

　　老公打線上遊戲的時候，我臥在床上，常常拿起這本書來看，刻意想找尋一點感覺。

　　（半夜，雨很大。邊寫這本書的感受，邊聽張懸甜到心坎的歌，我還是，在找一種感覺。）

　　雨很大，感冒還沒好，今天我還是淋雨回家的，因為傘

被主管白天拿去放在車上忘了還我，什麼嘛昨天還因為認定我請假是偷懶而罵過我的！螞蟻要我看醫生後高舉藥袋反罵他一頓，可是我又懶，上次的藥還有剩橫豎就不必看醫生了，而且還不小心笨得自己招認：「其實是沒有病到不能來上班。」主管呢優哉游哉，「我就知道啊。」結果我除了 Msn 暱稱掛著「冤情似海」，還是一句也不敢吭。對啦背後乾罵是我慣來的作風，但是同一天內，不但承諾了以後除非重病不請假，還在不知不覺中被協定了「向唉唉叫集團請辭」。簡直左右手都被綁死了我。

　　一早辦公室提到「無辜眼神」，我被說是「到 60 歲還會是無辜眼神」，「是我先生傳染的啦，他都是這種眼神，我們交往後我才漸漸變成這樣。」我陳情，「哈又裝無辜賴別人了！」同事反應。提到我和先生，前幾天通電話被以心一旁罵幼稚，滿兇的，我惦惦，從此電話都刻意保留點。什麼時候也可以學江國香織那樣甜甜蜜蜜寫點夫妻點滴呢？想到張雨生寫給女友的信上有句：「愛不在最美的時候說出口，又要在什麼時候說？」那麼，新婚拉警報還不寫，又要什麼時候寫？

　　前陣子我們吵過架，我積怨之下突如其然一句：「你只會打電動不管我，現在又憑什麼管我？」他受傷地回房睡覺，我半夜上床故意背對他一夜。其實我們都是吵不起來那種人，不會吼罵不會冷戰，隔天照舊和好，只是，彷彿有些傷害橫亙在彼此心間。「妳說我不會管妳，可是我管妳妳又不給管……我很無力，不知道怎麼管妳……昨天我很怕，覺得妳很陌生，我很怕有天就這樣怕妳下去，感情回不來了……」

枕畔寂然，這席話平平靜靜卻令人一凜，而不敢有什麼反應，彷彿將要揭開什麼似的，情不自禁，按住不表。

此後開始偷偷想著，我，該怎麼做個好妻子？除了可愛還要賢慧，除了這些，還要有智慧理家照料丈夫……我不喜歡他沉迷線上遊戲，可是除了抑制，是不是還有更智慧的方法呢？

在摸索到有效方法之前，就是先維持溫柔甜美了。不容易啦其實，像他愛惹我生氣，我還是會氣呼呼伸手打他，然後他通常會得意忘形，還說我生氣打人的樣子好可愛。什麼嘛，生氣還可愛？可見，他是很愛我的吧？唉，只好作此解。

是啊他是愛我的。這種小做作，是可愛還是欠扁，見仁見智。端看喜不喜歡我而已，我很清楚。

就像前男友受不了我寡婦臉不快樂，但換作老公，只會哄我再哄我，溺愛我縮成包子臉。

後來我也才知道，女人的不快樂，其實是男人很大的心結。唉都怪我當初不了解。

第一次讀江國香織是小說《沉落的黃昏》，女主角梨果被交往八年的男友背叛，傷心之餘還跟情敵華子同居，華子為了省錢若無其事的要求同住，梨果也因為能不時見到前男友健吾而答應這麼無厘頭的要求，漸漸跟華子建立起奇妙的情感，華子死後，跟健吾也難以圓合了。嘎，什麼，跟情敵同居？江國香織的哀愁向來寂靜溫吞，安排令人嚇一跳，偏偏梨果的心態刻畫始終也寂靜溫吞，令人氣結又感傷。

我，很像梨果耶……氣……

華子沒什麼小女人心態，合則來不合則去，結識者紛紛

迷戀，咻一聲卻不是失蹤就是死去。這種女人，事實上也從非「被對待者」，她們有她們的靈魂，有她們獨特的存在方式，我呢想像歸想像，事實上沒因此留住過任何一個男人。

　　真不公平啊，偶爾我會想。要怎麼像華子那樣啊？過去我再怎麼委曲求全都失敗了，真想做個那樣的女人，一次也好；後來我遇到現任老公算是做到了，我們也美滿的結婚了。婚後，要面對的才剛剛開始。

　　如果，我可以就一直維持著小眉小眼小女人。

　　那麼可以幸福下去吧。

　　　　　　　　　　　　　　　　　── 聯合新聞網

小林綠的生活與愛情

想為你做燉湯，
可是我沒有鍋子。
想為你織圍巾，
可是我沒有毛線。
想為你寫詩，
但我沒有筆。

—— 小林綠

這是《挪威的森林》中，女主角之一小林綠隨口編的歌。
住家附近剛發生火災，小林綠和主角渡邊跑到樓上露台看，
隔著不遠處的煙霧，靜靜的接吻。不錯，是「隔著」煙霧，
在那種場景，與其說是催發，不如具象化為一種安全距離，
心隔著心，而得以隨心所欲。言之不足故嗟嘆之，嗟嘆之不
足故詠歌之，親吻的那天沒有再發生其他事，他們的關係也
並未有所轉變，只是小林綠唱起這首歪歌 —— 其實也不過是
平常她會做的事而已。

關於小說和生活

　　從第一次我看到這首歌詞就噗哧笑了，開始固執的偏愛小林綠。雖然《挪威的森林》靈魂是住進療養院而最後自殺的直子，並且無論對主角渡邊還是村上春樹本身創作過程而言，直子都具有指標性意義，但我，或許還有其他廣大讀者，就像渡邊一樣，打從靈魂深處永遠不能割捨直子，卻無法不嚮往綠的坦率自由可愛。直子死後，渡邊痛苦放逐了一段時間，最後在電話亭打電話給綠，一口氣說著我有好多話要跟妳說全世界除了妳我已經什麼都不要……

　　有入口就有出口，村上一直強調。因之綠的一切都和直子典型性相反。直子長髮戴髮夾，說話不時會摸摸髮夾像是要確定什麼；綠頭髮剪得很短，後來稍微蓄長，刻意弄了可愛的髮型，因為渡邊沒稱讚而不理他一段時間。直子話很少，綠愛唱歪歌；除了跟渡邊，直子那處不會濡濕。綠會吵著去看成人電影，心無城府的要求渡邊把她當性幻想對象，還說自己幻想海盜把他倆裸體綁起，兩個人就滾來滾去蹭來蹭去。「要命。」渡邊說。

　　雖然渡邊心中有直子，但是，綠和那個直子彷彿平行線，搭不上、不相干、無妨害。對綠而言，雖然渡邊可能因為有直子而不會喜歡上自己，即便帕啦帕啦成功發射出費洛蒙吸引力也永遠不可能取代直子的地位，但只要跟渡邊鬼扯幾下都夠開心了。（想為你做燉湯，可是我沒有鍋子……）

關於愛情

「我正從不能確定是什麼地方的某個場所的正中央在繼續呼喚著綠。」

小說最後一段。

註定性的渡邊就是會喜歡上綠。不是說渡邊會喜歡可愛活潑女生，不是說渡邊喜歡短髮無厘頭愛唱歌會鬼扯的女生，如果只是那樣，渡邊早就可以喜歡很多睡過的女生，甚至也沒機會刻骨銘心依戀上那樣沉悶而患精神病的直子了。都愛著那樣的直子了，又怎麼會喜歡這樣的小林綠？因為短髮？可愛？活潑？坦率？無厘頭？恐怕不只也不是，而是更難得而不可理喻的，那樣超乎百分之幾千分之幾的頻率氣息，百分之百的女孩迎面走來，一拍即合。

但是如此百分之百的一拍即合，心中根深蒂固的有個別人。即使那麼開朗的小林綠，也不可能不寂寞。聰明女生知道自己要什麼，更知道該怎麼去要，小林綠當然可以在渡邊面前表現得更吸引人，那麼可愛的她大可適時裝無辜逗人憐，前一刻還開開心心，後一刻偏叫人手足無措；爽朗的她還可以趁此形象之便搞些清純的性暗示，大喇喇光天化日說那些什麼性幻想的再愚蠢不過，男人就算蠢蠢欲動，恐怕也只能突兀的吞回去。什麼去看色情電影、你可以偶爾一次試著拿我性幻想嗎？白痴，完全搞反了，這個小林綠，連「看得到吃不到」這套老梗都不懂嗎？還是，該死的碰到喜歡的人，根本就無路數了呢？

　　如果當時，渡邊沒能衝破心中的藩籬與她進一步交往，她會後悔甩了當時男友嗎？一定不會的我想。反正她隨時也能再交其他男友。甚至也許還會遇到一個心中沒有直子的渡邊。

　　然後，很多年之後回想，「很傻。」但是她又隨即笑一笑，傻又怎樣呢，開心過傷心過又怎樣呢？不是懊悔也不是甜蜜辛辣，只是過去了而已，只是曾經那樣過而已，只是還記得而已。小林綠是個不愛費腦、愛過輕鬆日子的女生，可是我覺得，無論結果如何，她都會一直記得渡邊。

關於未來

　　日子繼續流逝，她會老會成熟，會結婚生子，有一天還要替兒女張羅婚事。日復一日擁著丈夫酣眠，韶年彷如逝水彷如永遠青春的那一瞬，過得開心最重要。

　　碰巧這也正是小林綠最拿手的。

色，戒之後

想來約莫是從看完《色，戒》開始的。

色令人茫，情則催病。跟老公進電影院之前，正好一起去挑對戒，相中的可不便宜，轉念間懸崖勒馬，惘惘皆空。接著則感冒不癒。

生病令人狹心。上映前已一陣沸揚，我本能性說不上一股情緒化的偏見反感，誠如許多人都知道的，原著小說在張愛玲作品中，無論篇幅還是評價、創作立意都屬輕薄；在改編勢必失敗的「張愛玲魔咒」之下，李安挾帶盛名而選擇這個題材，絕對足以不鑿斧痕地發揮他大導演功力，加骨添肉另闢蹊徑，聰明至極，成功地創下口碑，早在人意料之內。想到林俊穎被王德威欽點為張派第三代傳人卻不以為然，老早預言：往後，張愛玲被消費的情況只會愈來愈嚴重。

書市上，孤寂中做古的張愛玲，每冊作品大肆平鋪在最顯眼的位置，強力扭轉向來嫡子嫡孫沾她餘光的走勢，這下子，張愛玲還靠李安重新炒熱？

張愛玲歸張愛玲、李安歸李安，許多電影擁護者說得也算中肯，畢竟李安電影向來是取小說來重塑，無須對號入座。

因此，以上只是個人偏見。

至於毀譽參半的床戲，大家懷疑：一定要這樣表現嗎？

有關於此，眾家影評很快就分析得妥妥當當，那些性場面、性姿勢如何反應內心和局勢，第三場床戲硬是如何翻轉女主角王佳芝的立場，如是等等；彭蕙仙最持平公允，說：這個題材不必這樣表現也可以很動人，但是李安選擇了這種表現方式，就勢必如此（說等於沒說？）關於性姿態的解讀，我未必以為然；是否非得如此不可？總之李安選擇了如此表現，創作的意義某方面本屬自爽，一旦蓋棺論定，勝者為王，李安的成功無須爭辯。

廣告標語云：「色易守，情難防」，除為梁朝偉的露蛋、湯唯的露毛而「看好戲」之外，為了女主角王佳芝的甘願就死、男主角易先生處決所愛的哀傷，感動落淚者眾。或許這也算李安的成功吧！張愛玲短短 27 頁的原著，哪可能催淚？實質上，既非言情作品，沒有驚天動地的感情波折，要說服讀者容易，針對觀眾卻難，因為讀張愛玲的未必想讀到感情（就像《傾城之戀》，這麼纏綿的標題，詮釋的不是愛情，反而是女主角白流蘇的巧計與時勢造就愛情），看電影的卻無不渴望好好被感動一場。

原著中，王佳芝為一只粉紅鑽戒放棄行動犧牲性命，易先生處死紅粉知己的結局，怨嘆裡夾帶諷刺性悲涼；搬上電影，王佳芝令人垂淚，易先生卻活了起來！冷血如他坐在王佳芝床上舉傷的樣子，令人簡直忘了這原本何許人也，更忘了他較之王佳芝的不惜一死，並不願絲毫割捨賣國而來的權勢名利，甚至區區放愛人一馬的動作。

如果李安加骨添肉的是驚天動地的感情波折，恐怕淪於言情。以大量的性場面來推動，未必令人苟同，但不爭的是，

他的確成功了。

「他不只要鑽入我的身子，簡直要鑽入我的心。」王佳芝顫抖地說。

熱辣辣的床戲、逼真到令人懷疑假戲真做的高潮表情，一場場帶入王佳芝的萬劫不復，假作真時真亦假，色，連性命都可能掏空，何況感情？民風保守，沒有性啟蒙教育與如今的傳媒充斥渲染，這樣一個情慾未開的女大學生，要她投入「任務」，等同叫她死。沒有微言大義、海誓山盟，光憑一場場入骨的床戲，足以一邊埋葬她又一邊推動觀眾的情緒，「色不迷人人自迷」在此完全失效。這裡，李安懂得不是情，而是色慾與人性的深淵。

而我怎麼又這麼巧？看完這場意欲榨乾身心的電影，人就病到現在。

消沉小心眼自怨。電影效應過得很快，一切也隨之風平浪靜，只是或許在某種掏空之後，情也會死了？

—— 聯合新聞網

鉅資排場比不上一首「菊花台」

　　剛看完《滿城盡帶黃金甲》那陣子，有股衝動想要寫篇不負責影評，只是心虛自己沒電影素養所以氣短擱著。現在，聽一聽周杰倫的「菊花台」，突然又覺得，啊這麼好聽的歌，就寫了吧，隻字片語都好。

　　是的，鉅資成本、超強卡司、國際名導，歷史沉渾、群雄四出、人性弔詭，翻雲覆雨機關算盡，菊花台上重陽之宴，人倫泯滅，八方蕭條，回音無谷。

　　最後一切抵不上周杰倫一首「菊花台」之動人。

　　小天王周杰倫飾演的「杰王子」，是電影中唯一正面角色，我不懂為什麼要取個那麼好笑的名諱（一出場，「杰王子……」立即一片笑場），也感慨唯一引人好感的角色，卻是演技最差的一個，安插進這部戲擺明小天王的噱頭作用所致。不過，演技不怎樣，又怎樣呢？周潤發之施力過重，鞏俐之風華無憑，劉燁之柔弱敏感，又怎樣呢？

　　結果還是杰王子這個中規中矩的扁平角色具人性溫度。

　　一片爾虞我詐、各懷鬼胎的壯烈廝殺中，只有杰王子為捍衛母后而起的叛變顯得溫良忠直。滿城盡帶黃金甲，何等奢華壯闊，三人對峙菊花台，卻是賜死的華宴。屍橫遍野，一個朝代至死方休的華譎式殘虐，轉瞬間清理殆盡，歷史的

傷口輕易覆蓋，這被解釋為天安門事件的影射，殊不知，電影的瞬息生滅，窮奢極侈的演繹，用罄成本，留下的不會是絕響而是空無的諷刺；刻意之虞，鋪陳的將不會是荒涼，而是人為的啞然軌跡。

平民導演張藝謀，導過《大紅燈龍高高掛》、《菊豆》、《紅高粱》等膾炙人口而具藝術價值的影片，近年來有了鉅資成本，成果卻惡評連連，甚至有人懷疑，張大導演以前是被外星人植入晶片，才導得出那些戲！其實，《英雄》、《十片埋伏》、《滿城盡帶黃金甲》這幾部真有那麼差嗎？平心而論（真的是撇開個人強烈惡感平心而論），張大導演的功力加上鉅資籌鑄，能差到哪去？問題只是太刻意了。（畢竟，就連引人發噱的連綿暴乳，都反令男性觀眾直呼噁心。還能有什麼搞頭。）

那麼繁複炫麗的排場，用意竟在鋪張人性的醜惡。滿城盡帶黃金甲，原屬嗜血的奢靡，刀光劍影光怪陸離，殺閥肆虐既屬戰爭之必須也是人性之顯景，極盡侈豪之放手一搏，在導演與大王周潤發的重重算計之下，血流成河屍橫遍野都是過程之必須，重在實踐戰役過後的菊花台之宴。儘管人事皆非，重陽之宴卻是必須。成者為王敗者為寇，機關算盡，就等這一刻。

人倫已非，親人還是要做最後的相會。只不過這場相會，志在處決。

亂倫之罪，再加大膽謀反，王后必死無疑。為捍衛母后而叛變的杰王子，面臨必須對母后親手餵毒亦或遭五馬分屍酷刑，他選擇在母親面前下跪道歉，然後自刎。這個安排是

許多影評家所詬病的，被認為矛盾、懦弱而無意義，但是又能怎樣呢？的確刎是最輕鬆的方法了。只可惜電影志不在溫情訴求，唯一的人性溫度不會為整體價值增色。大導演要的是夠酷夠炫夠盛大，即或有處理人性的野心，或自以為苦心排場是為反襯人倫之荒誕，然而，兩個小時的力竭聲嘶，套進鬧劇形式洽恰好。機關算盡，喧囂過後盡荒蕪，這麼大的野心，處理起來卻根本不是重點了。

結果只是鬧夠了，太醜惡了。大王之狠毒殺妻殺子（小王子居然還是被活活鞭笞致死），施力過重的詮釋方式，非但看不出金獎影帝的演技，反而只想問：鬧夠了沒啊？我絕不是反對刻畫醜惡面，沒有美醜的對比、人性惡質面的挖掘，也不會是藝術了，何況我連《大逃殺》這麼血腥詭異的片都能喜歡。

對，問題來了。《大逃殺》之類暴力片，到最後，其實暴力只是軟弱的變相武裝，最殘暴的，也正是最渴求溫情的可憐人。其實，渴求的不過是一點點溫情。只要一滴點，就足以滲透未泯的人性。

會令我受不了的，是用大量堆砌的華美來鋪陳醜惡，骨子裡冰冷極了。

還是聽一首周杰倫的「菊花台」有意思得多。

—— 聯合新聞網

我心有所愛，不忍讓世界傾敗

我心有所愛
不忍讓世界傾敗

—— 羅智成〈一九七九〉

心心相印・相愛的靈魂

花之舞・向陽之舞

我們的瓊玲佳人

　　多年前世新校園，國文、文學概論、古典詩詞欣賞名師瓊玲，尚未當上系主任，還沒受到系務干擾和人事傾軋。校園裡的風很純淨，梔子花香肆烈而溫潤。就在一群學生的前呼後擁中款擺走過長型校道，風光正好。

　　思古之幽情，老師在文概課上分享《世說新語》絕妙好句：「太上忘情，下不及情；情之所鍾，正在吾輩。」還沒改制的世新，世說新語……靈氣閃過年輕老師小巧的臉龐。台下一片安靜神往。那種純淨的感動，足令我們好多年過去之後，心中尚未崩壞的部分，還一如最初。

　　最難忘是妳說過：「曾經的驚天動地，都將會雲淡風清。」當時我們誰也無法明白箇中真滋味，只是，這些年來，每次受傷，每當堅持又困惑、奮勇又無力，總會恍兮忽焉想到這番話。

　　剛改制的大專院校裡，活潑窈窕的女講師，學校統計受歡迎第一，必有其不凡魅力。年輕但已脫離青澀階段，圓融而無涉滄桑，站出來丰姿綽約，巧笑倩兮而難掩捉狎之氣。愛打扮一如熱愛美好事物，顏色鮮豔的套裝、高跟鞋，步履杳杳生香，但只消稍不留意，已經連跑帶跳，躍動如百花簇開；等你定下心神，會發現她手裡拎著飯盒左搖右馳，好像

配合著她清唱起快樂的歌。

　　「不可以叫我美女，要叫我佳人！」她得意洋洋，「美女太俗氣，佳人，就才貌俱全了。」是，瓊玲佳人！眉睫晶瑩，才情剔透，此中有佳人，深入生活氣息，而倩出於泥塵，流雲飄過山脈。只因愛慕過的一位教授說，詩經中最愛「所謂伊人，在水一方」一聯，索性擇關渡逐水獨居，嬌嬌地養條小狗作伴，自成小小幸福。最愛東坡，戲言非君不嫁，「人家有梅妻鶴子，我呢，有東坡夫、狗兒子！」

　　之所以愛東坡，正因他不是忘情的仙人，而是超俗的凡人，赤子之心酣暢淋漓，而靜觀自得，坎坷是洗鍊而非崩毀。武陵散盡，自茲歸去，回首向來蕭瑟處 ── 也無風雨也無晴。

　　這些年，翠薇路遠，而妳走的就是這樣的步履。

　　願在絲而為履。

　　仰慕妳的學生遍滿校園，我和阿量一起摺星星、紙鶴給妳，用各種幼稚的笑話博佳人一粲，他鬼才獨出、唱作俱佳，總令妳燦笑如花，我卻只要面對仰慕的對象總會閉塞起來，斯人獨憔悴地退縮於安全角落，又蹺掉很多其他課來反覆旁聽。悠悠滑過青蒼歲月，年華果如逝水。

　　以妳出身而任教的東吳中文為第一志願，轉移陣地，繼續上妳的古典小說。據說很多人也都是因此而愛上四季分明的校區外雙溪。

　　「不要把我當偶像啦！這樣我會有壓力。」妳對我說：「把我當好朋友，我是妳的好朋友。」莫名悵然。這些年來，我沒什麼偶像了，是成長也是滄桑。很久沒有好好欣賞誰，只想要裝飾自己，早不再是當年在妳課室裡神往的少女，我

受傷過，反擊過，豁盡氣力而日漸萎頓，最後徹底膽怯了。

想到妳喪父時期的形容枯槁。

想到妳被信任的人倒戈時的驚撼創痛。

文學是人生的昇華，然而，在人生裡，不管補充再多文學都抵不了耗弱的速度。傷害是如此真實，我們都說願意勇敢，一旦痛起來卻撕心裂肺，掙著胸口站都站不直。

然後，再怎麼艱難都得繼續面對生活。恍然發現，學習勇敢，其實也就是學習接受。

而不能偽裝成黛玉那隻依樣唸詩的鸚鵡。

一生薄命的黛玉，中國古典文學史上性靈之所鍾。第一堂課上妳就說，紅樓夢是古今中外最偉大的一本著作，只是當時我耽於重口味的金瓶梅，攤開才子佳人匯聚的紅樓夢，淺薄得只讀到風花雪月。非得到有了年歲，滄桑過後，才能感受紅樓。

滿紙辛酸淚，何只作者癡？妳曾說過，春節期間，爆竹聲中讀紅樓盛衰，滋味不同一般。

最最痛澈的那時期，過年時想起妳的話，於是重拾紅樓，在家讀了好幾天。掩卷沉思的時候，眼中乾涸，卻又那麼想要好好哭一場。

妳臉上一層透明的滄桑，有如履過薄冰，有如掌中水晶脆裂。

眼看他起朱樓，眼看他樓塌了？

想到妳那年亭亭立在講台上，步履輕盈，神清骨秀，要我們叫妳「瓊玲佳人」、「孔雀公主」的甜蜜模樣。

終於妳不再只是我們的偶像。風流雲散。恍然間化為峀

外白雲,是最潔亮也最瑰麗的一朵。

　孔雀公主,我們所鍾愛所暱稱的。妳經歷過生死,走倦了風物,精緻的羽毛或曾一片片凋零,如花飛雪落,妳的心聚了又散,散了又耗盡氣力來點點聚攏,最終,萬事盡散,妳始終是我們最暱愛的孔雀公主,一開屏,美勝人間無數。

　瓊玲佳人,妳的告示恆留如斯,即便滄海桑田,一身才情,一種精神,妳成功了,因妳一如妳的東坡是個超凡的俗人。縱使躑躅無路,芳華不減,此心依然。

　再再間,妳走過梔子花香。

　妳明白,這些一大片梔子花,會隨四季流轉而開開落落。卻因為它們的香氣而由衷快樂起來。

　　　　　　　　　　　　　　　　　── 聯合新聞網

壯沃的身軀，生出樹幹

後來，天色迅速闇了下來。

許是他離開之後，我們的青春開始變格的。

關於青春期純淨無垢的天空，關於淚水的溫度、春雨般柔軟細密的焦慮與絮語，關於綰不住的流逝與其後的滄桑，關於後設，吊詭的統合與分歧，可不可能，無一絲陰霾？

每個人心中，總有段永恆不朽的少年歲月，天光流霞是定格的，無邪的巷口沒有盡頭，連樹黳的縫隙微光都溫熱地呼吸，無意間經過，一小簇一小簇若有似無的斑斕比酒釀更甜燦。一如嫩葉拂光，幼鯨渴望海洋，懵懂的孩子甫睡醒揉揉眼索求擁抱，那時我們需要一種尚未被命名的愛，非關愛情也不是親情，甚或並不自知，只是有一天發現，未眠的夜總有個位置留給久遠以前的懷想，一寸朦朧的身影，片段未譜成的歌謠，或者甜美零碎的妝飾小物，醒來再留給清晨。

青春焦慮可短可長。有時我們需要倒退的本能，把自己還原成天真的生手。

儘管晚熟。

妙在五專畢業那個夏季才學會騎腳踏車，亮晃晃的午後騎來巷口找我，取了東西後旋身，白皙後頸上垂動的長辮輕俏得像小女孩彈琴，我誇張地為她的好騎藝拍手叫好，她嬌

哼一聲揚長而去，繼續讀她重考插大的參考書，我呢，可能午睡或看日劇吧，忘了。

白天，一起吃牛奶冰的老店總是不開燈。吃完走去旁邊市場樓上的圖書館念書，津津蘆筍汁和孔雀捲心餅就擱桌上，呼，白晝令人懶。想來我跟妙的少女花影是典型到近乎好笑的，愛戀牛奶冰、長髮長裙、古典音樂，偶爾拍一系列當時流行的藝術照，經常花哨故作素雅地去台大椰林大道，用舊式傻瓜相機輪流幫對方拍獨照，甚至手彎抱著桂冠出版的藍皮精裝紅樓夢，一整個青春到徹底。泡沫紅茶風行的時代，公館接近三總的轉角口開過一間平價咖啡館，35 元一杯，空間敞亮不俗，很多年我們沒事都愛窩在那聊天看書，還有每週下午兩小時，點杯咖啡上美語課。

我們的美語課堂輕鬆愉快，上課方式就是跟外籍老師 Joe 用瘸腳、結巴甚至只有單字拼湊的英文聊天。通常我們先到，幫 Joe 點卡布奇諾，他若遲了，可得當心咖啡上層的奶泡被我們用小湯匙東一口吸一口挖了吃掉。土裡土氣的年代，這種牛奶咖啡光是色澤就鮮甜誘人，本來想說吃一點就好……「真好吃。」驚嘆著，湯匙停不下來，沒多久呢，「吃光了耶？怎麼辦？」挨延互推一番，由妥協的那方靦腆憨笑端去櫃檯。

「可不可以再幫我們加一點牛奶？……唔，是泡泡的那種。」要說是青春無敵也好，或者是人家不跟小孩子計較，瘦小慈祥的中年店員微笑著給我們。當然，經過這樣一攪和，再生的卡布奇諾醜了點難免。

Joe 大踏步而來，用我們熟悉親愛的樣子坐下，未察有

異，我們暗中交換得逞的眼色，或許還嘿嘿笑了。Joe 當年
33 歲，微絡腮鬍，高個頭，136 公斤，博聞，好廚藝，堂而
皇之地喜歡美女和性愛，既酷又豪爽，笑起來略帶莫名憂鬱，
說話卻很大聲，事事有主張，而且非黑即白，理直氣壯，毫
不退讓——在我們眼中，這樣的他，是我們所憧憬的無懼。

（至於，他眼中那絲落寞……）

前中年期的美國籍男子，兩個傻呼呼的丫頭。離過婚，
留下兩個學齡期女兒來台教書的他；徘徊著要再考試還是該
就業的我們。除了上課，我們也會約出來吃飯看電影，或者
去 Joe 家裡燒烤、吃他烹廚的美式大餐。我們最喜歡他烤的
濃稠金黃起士玉米片。

（當我為厭食症痛苦不堪，Joe 在 Msn 上說他想為我做
大餐，我立刻就想到這道菜。）

有時我們上課，Joe 的單鳳眼美貌女友 Cristina 也跟著
來，安靜坐在隔壁桌畫服裝設計圖。妙很久以後才告訴我，
她曾懵懂地嚮慕過 Joe，並為 Cristina 的出現而微微惆悵。

然而，關於青春，惆悵也是一席煖夢，正如我們在萬年
地下樓吃冰，感嘆道：「再□年，我們就 25 歲了欸……」未
經風霜的囈語是一串若大若小斑斕剔透的彩色泡泡，連消失
的姿態都像童話的小美人魚，海上明月輝光依舊，空氣稀薄
冷冽。無論如何，到了夜晚就好好睡吧，反正朝陽依然會為
我們攀升，無論其中有些什麼沉默地死去重生。

那些年，馬路轉角口的咖啡廳，尋常的多年的美語課。
年輕生命的轉角口，裙襬微掀時驚呼灑落的熠涼雨光。時間
之瞬忽生出藤蔓，Joe 壯沃的身軀生出樹幹，一如每個人心

中都有個原鄉，都需要一個君父的城邦，妙跟我漸漸習慣了什麼事都要問他意見，不管他說什麼，我們都聽得好認真，彷彿懂了些什麼，走出去卻一樣困惑，正如我們都曾鼓足勇氣告訴自己要堅強，摔跤了卻一樣會痛。跌坐地上抬起頭，天好藍，卻也好遠。

　　有幾次上課聊著聊著我就哭了出來，Joe 勸慰過，生氣過，也曾當場脫下他的開口笑球鞋，用奇異筆畫上眼睛來逗我。"Be honest." Joe 常對我們說這句話，這麼簡單的一句話，到現在我還沒學會，不知道妙會了嗎？總感覺自己一路跌跌撞撞，現在回想當時甚至還沒有摔過哪。常常我不知道自己究竟在慌什麼，什麼都不懂又怎麼 Honest？路，怎麼這麼長？害怕考試，害怕長大，然而長大後，真會比較好？

　　好遠，關於所謂長大。17 歲認識 Joe，他帶 Cristina 返美時，正好是我們討論過的 25 歲。路口的咖啡廳早就關了，不知萬年樓下那間冰店呢？姑且再陪一段路吧，至於會不會好起來暫且不用想，如同 Joe 曾經為我自戕而發飆，不但當天就把我爸媽叫來訓誡一番還執意逼我，我們吵吵鬧鬧拉扯了好陣子，如此雄邁的使力並沒有使我從此就改變，只是那股激吼迸越執意拉我的手勁，直到我「長大」之後還巍峨屹立於原處，從起初鮮明近焦的一瞥開始望下去，愈望愈滄桑路愈迢長，壯沃的身軀生出樹幹。天闇了。不要緊。風景定格了。

　　別走 ── 我跟妙齊力呼喊，有次還一起流下滴答不止的淚串，"You love me!" Joe 露出孩子般的驚喜，甚至顯得興奮不知所措。其實三十多歲的男人不也還是大孩子？

（每個孩子都需要回家。）

他跟 Cristina 婚禮當晚在小公寓開家庭派對，為妙介紹了她後來的男友 Cliff，還記得妙穿著粉橘跟純白的碎格子短洋裝，清麗皙緻中散發屬於青春女子獨具的緲陌芬芳，如果我是男生也會愛她。派對尾聲，我圈住 Joe 的脖子哭泣央求他婚後別回美國，他笑著邊抱我邊拍撫，那麼巨碩溫暖的臂彎，即便能容納千帆，可是不是，終究也要一一送走呢？分明將離去的是他，為什麼我卻有種臨近畢業般的悲欣交集？

（如果知道，童貞的淚會乾涸，我們又真能挽留什麼嗎？）

許是他離開之後，我們的青春開始變格的。Joe 返美前聚在師大商圈的美式餐廳，我一身情傷地附約，該算是「長大」了吧，心中懸念的早已不再對 Joe 的不捨，滿腦子只有我那著魔的戀情，無比憂憤地對 Joe 訴冤：「他把我當妓女。」Joe 不以為然惡狠狠地回，他有給妳鈔票嗎？沒有的話怎麼算把妳當妓女？妙和 Cliff 坐在一旁只能一愣一愣的，Cristina 則一貫的成熟都會女性風，沒什麼表情。除了我的感情狀態，Joe 最關心的是妙和 Cliff 交往五年竟沒有上床，他直截預言如此下去一定會分手，最後搶著埋單時他把鈔票用力擱桌上，說這錢是給 Cliff 開房間用，大踏步離去。

再見面是好久以後了，他跟 Cristina 帶兒子來台，我們依然約在美式餐廳，他把我跟妙分別抱起騰空轉圈，霎時彷彿一切不曾改變過，他依然壯沃，並且未曾離去，傻氣的青春綿長得耗不盡，路口的咖啡廳招牌隨時能看見，慈祥瘦小的中年店員永遠微笑著，我跟妙在那裏你一口我一口吃掉卡

布奇諾上的奶泡等待 Joe，午後陽光散放的是生命的熱度；我未曾捲入著魔的戀情未曾喪心病狂，妙跟 Cliff 金童玉女沒有分手，沒有滄桑沒有老，無邪的巷口沒有盡頭，天空藍得令人暈眩，那片藍愈來愈近，逼仄到頂才發現，一切只是夢。

重逢那天，其實已經有些不太對勁了，Cristina 一整晚都沒怎麼笑，可是我們不在乎，滿心只有重逢的喜悅。我們與 Joe，永遠彼此相愛。

沒多久後，Cristina 離開 Joe，帶走兒子和房子。

（我們的樹幹，枝葉散盡。）

天色確實闇了。可是我總相信不會是尾聲。

壯沃的身軀彷彿就在身畔，觸手可及之處，不再枝葉倉茂，可是怔忡之間，彷有白花旋落，無香無聲，無欲無償，無一絲豔異，是屬於人間真實的成色。我不知道如此恬和的撫慰是來自何方，卻忽焉憶起，以前妙的房間窗外望去就開滿白花，成片絮白隨風曳動，初碧輕淺參差，像異鄉之夢；然而，真的，擠迫的公寓宅區的小空地上存在那麼純淨的土壤哪。

我們曾一起欹枕而臥，望著望著，賴著不起床。

妙瞇眼笑，滿足地嘆氣。

── 好幸福喔。

── 聯合新聞網

河流之歌

── 致張雨生

「當我的聲音在死亡中靜止，我的歌會在你活著的心中言語。」

── 泰戈爾

終於有一天，你永恆平躺成河。

明日山脈分隔了我們的清晨。

你曾越陌度阡，等到昏黃，等到癡傻。後來你等不及了，方向盤一斜，於焉輕巧地顛覆生死。心，橫了。歌聲唱亮了彌留的子夜。

蒼白的容顏，一顆流星如火閃逝。

天曾缺掉的一角，無非此等神采。

寫過一首流亡民運領導者新詩改編的歌：沒有煙抽的日子，我總不在你身旁……

唯一的屬於你通往雲翳的路，沒有人在你身旁，無法延續到黎明。

當時，你是怎麼把那首詩謳成歌的？你是否也曾身軀柔軟蜿蜒成河流，環繞在大地的頸間，又在那唇邊乾涸？

直到你平躺下來，你發現，沒有了，沒有那條河。

而你曾經以此為你唯一的，一脈希望。

你知道，日本諾貝爾文學獎得主在七十高齡引煤氣身亡。他的雪鄉，他小小的芬芳的伊豆舞孃，瞬間化身千羽鶴，飛到邈陌處。你們都曾追尋過江淹夢中的彩筆，折翼的青鳥。你還探測過他的死：

聽說，江郎才盡，勘破人間的三春，便不如投河。

而那一脈希望呢？

毋寧追隨流亡者的心。容顏有流星如火。總在此時，你血色煥發，灼灼燦燦延燒遍地的繁華。只要有一縷煙絲，能照亮一個啼眼，一點無奈……

那麼便足以執著。

你的歲月乎焉晚了。倉皇四顧，日已夕暮。

是什麼竟催你老了？老成七十歲的文學師？

又年輕得能流亡天涯。

心逐流水。你只願平躺成一條小河，地老天荒，乾涸在一瓣唇邊。

那甘願落難的年輕民運領袖，站在天安門前疾聲呼籲的那年，死了很多很多人，匆匆如客旅的雁，又一往情深。生命原不堪一擊，轉瞬間血流成河，掩面呼不得。輾轉落難，下獄、假釋的環節重複搬演，索性定了心著述。生命會亡，但不會死絕。年輕人清癯、一團正氣的臉因隱微的悸動而充血至於蒼白，神貌竟如你彌留的霎那。多年之後，你死了，年輕人不再年輕。你一直喜愛的他，流亡到最後，安頓在美國著述話當年。

青春還駐留在鎮壓前那毋寧死去的熱情。

你們的河，都乾涸了。

熱望的盡頭，依然深邃清澈。

（思君令人老。歲月乎已晚。）

疲勞駕駛身亡，恆留哀思，而彌垂誡鑑。你聽到有人嘆息，有人哭；此其為英年早逝。獨自走在朝聖的路上，你雙眸恍惚，彷見新綠的春。

老了。文學家，革命者，紅極一時的歌手，青春，鮮血，童貞，堅持，絕筆，歷史的河。當年天安門前遍滿的學生總會死絕，哀完一個又一個。老的，死的，年輕的，才華洋溢的，情感深凝的。天安門的悲劇是永誌不渝的無字碑，你的歌唱絕了我們的清晨。

教堂鐘聲傳遞你遺愛人間的音符。

沒有煙抽的日子，你乾涸成河，燎原成災的愛。文學家的彩筆把億年縮成幾吋……

而你也情願這麼盼望下去，等到昏黃，等到癡傻。

等到你終於能看得見遠方的青鳥。

—— 飲冰室茶集「我心中住著一個詩人」散文類第一名，收錄於《我心中住著一個詩人》・小知堂出版

白夜惡戲

《迷路的詩》造成風靡已經多年，透過這本青春迷航，許多人才知道，楊照曾經是詩人。

詩與非詩。「『非詩人楊照所面對的世界』向未改變」，而『詩人楊照』卻早在 1980 年已確認了詩的『荒蕪本質』」，張大春序言如是提及，文末不忘重擲一連串語不驚人死不休的排比問句，回音悠杳：

詩人迷路了嗎……

欸，是這樣── 於是，效應發生，許多人至此忽焉憶起，啊，對了，自己，不也曾是年輕詩人嗎？

在那還有廉價夢想的年代。當我們想起曾經自己曾是未出櫃的詩人，桂冠的光暈在感傷情調中未曾剪淡，並且驕傲。

一、

和周圍正在發生的種種相比，詩這樣的東西必須要靠詩人近乎自戀的專心凝視，才不至於被稀釋、混淆得無法確認。在左左右右狂飆的風中，詩所能提供的溫暖真的很有限，這當然不是虛假的，可是即使在這麼有限的溫暖裡，也還是被龐大的寒意堅持地滲透著……

──《迷路的詩》p.56

　　不寫詩了的楊照，在文壇及評論界長年活躍，寫小說的楊照，作評論的楊照，文化社會涵養觀照深沉洞澈而精準入微的楊照，各方分子紛紜印象各執一方，但凡愛好文藝的青年學子都喜歡楊照，因此我在大四那年的文學獎邀他為決審之一，電話中的他口吻溫和蘊藉，我即刻就覺得這人不錯呢。後來決審時間烏龍異動，當時又不時興手機通訊，撥電話只有答錄機留言，只好決定先請校內老師張曉風「坐陣」：楊照如果聽到時間異動留言，來了就最好，否則由張曉風老師頂替，有備無患。（果然是大學生頭腦僅能串出的完美解套。）

　　很不巧，我還是無緣見他。（又是改決審時間，又是我這主責人為了教會活動而換場，顯然是我方烏龍。）楊照畢竟是敬業的，場次一到，抱著一疊稿子來了，可是，等我換了場次趕來，只見學妹哭喪著臉扯扯我衣角：「學姊，妳看，我帶了這麼多他的書來想請他簽名，可是……」原來，楊照確實聽到電話留言改時間的通知，在正確時間抱著稿子來，可是，已知的另兩位評審之外，一見名單外的張曉風老師端坐如儀，立即聰明地知道我們安排了替代人選……如是云云，我們好樣的楊照毫不耽擱地丟下稿子，甩頭走人去也，粉絲學妹苦追解釋，楊照不掉其頭不改其志，只從背影擲下答覆：「你們做事太不負責任！」想來是真動氣了。

　　評審會議過後，同學不死心地打電話給他留言，話說到一半留言卻嘎然而止，顯然是他聽不耐煩切斷了。多年之後，重新翻出《迷路的詩》來讀，忽然想到當年事件，突然懂了，微笑了，楊照，真好樣！真可愛極了！像〈彷彿在君父的城邦〉那篇中，我們看到青年楊照是怎樣為孤兒院童跳出來痛

斥一群來「慰問」的女校學生，罵得噴火還停不住，罵她們為圖新鮮感而讓孩子被迫聽訓，自以為慈善卻不負責任殘忍無知，「如果他們真的喜歡妳了呢？他們想妳時妳在哪？妳還會再來嗎？」……

索性放棄自以為是的大哥哥身份，楊照跟院童玩成一片，還會吃醋、鬧彆扭，強烈的愛著他們之中的幾個。直到有次跟小女孩鬥氣，氣極了抓起背包大跨步掉頭走，（又是這個模式！）依稀聽到小女孩追過來的腳步聲卻降不下拗脾氣，最後盤旋在外頭水銀燈下忽站忽蹲，兩腳疲憊無力，說不準失落什麼。

關於曾經是個詩人的迷路年代。好樣的，深沉淵博敏銳犀利，而骨子裡永遠青春衝動熱情煥發的楊照。

二、

多少次、少年詩人為了一個堅持一點矜厚而迴宕餘生、甚至世代？

《迷路的詩》記錄 14 到 18 歲的楊照。青春詩人憂國憂民，反體制而又框於體制，藉校刊社之名課愛上不上，分明反體制卻又挾特權以處，曾在死黨被一個教官不當處罰後，死黨們沿著教官回家路上偷襲，塞布袋丟蓮花池，隔天這位趾高氣昂的教官竟然畢恭畢敬起來。

「雖然報復成功，可是卻失落了原本對公理正義的信心罷。原來暴力那麼容易改變事實。」（p.81）《迷路的詩》提到多次「惡戲」，但這些優等生的惡戲其實會是多惡呢？

畢業典禮完摩拳擦掌打導師打訓導主任這些，我們都早有耳聞，只是太遙遠了，就像手中書卷一樣風簷戰巍巍，而且報了仇又怎樣、反之又怎樣呢？我們都走著自己的路，不管反不反體制，是否屈辱過或驕傲過……

　　妹妹曾經在單薄的制服襯衫上罩一件自己的外套（其實也是素色的，招搖不到哪去），站在男生大樓前顧盼生風，男生班集體叫喊她的名字，惹一夥小女生看不爽準備圍毆，行動前指了指我那纖瘦如紙人班的妹妹，「我們要打這個人。」「什麼？」大姐頭瞧瞧臉色一變，因為我曾是她很要好的國小同學，「那是我朋友妹妹！」於是，我妹妹在烏雲悄悄飄過而不自知，依然活得像公主。

　　「制服，是我們沒有選擇，指定給我們的；普遍性的肯定面對各體的脆弱。」米蘭‧坤德拉說。

　　原來我孔雀般的妹妹是動燭先知的。妹妹跟我不一樣，當我寒傖躲在課本裡越攪和越狼狽，妹妹正大展艷幟當啦啦隊隊長，男生班會集合呼喊她名字，直到現在我小兩歲的妹妹還是為人爭先恐後趨之若鶩的仙子凡心。當時我們國中制服算做得蠻亮眼，夏天是黃衫綠裙，號稱景美女中加北一女，冬天深灰領帶裙子，仿貴族學校，我們若平民貴族，要進來不難，只消轉個學區報戶口，至於分班，那更簡單，憑成績就是 ── 包括班上座位排序。

　　只是我一直懷疑，分班第一天的上午，突然就從 A 班被調來 A＋班，我猜是訓導主任的介入？威嚴十足的訓導主任挺喜歡我，前幾刻在走廊上遇到，他含笑問我哪一班呢，我赧然的說是 A 班（或許他不會再喜愛我了吧，記得我在那幾

秒間失落了一下，可能臉上還露出了自己不願承認的階級主義羞恥感。）「喔，是 A 班……」訓導主任吟哦半晌，又對我慈愛的笑笑，接著，導師很快叫我過去，說我是 A ＋班的學生了。

可是我並沒有爭氣。我就一直是那種看分數的老師討厭、少部分有心師長卻頂新鮮愛憐的那種學生，校刊包了大半，垃圾分類社團「藍天社」命名上報，三不五時現身在訓導處收環保，傻呼呼的眼睛和笑容，長官們都愛逗我說笑，誰想得到這樣的好學生其實是害群之馬。

害群之馬，說者嚴重，北一女的就是北一女，在我們班大把不怪；北一女，景美女中，這是分布常態，同樣的，固定敬陪末座者也屬常態 —— 那就是按排名定座位，不論高矮幽靈般繞到黑漆漆角落鬼兮兮坐下，霧濛濛看不到黑板，喊打時第一個站起準沒錯，那樣每個角落都有的角色。

倒數十下，手心皆裂。曾經算過有好幾十下的，我排在隊伍中，突然籤的心一冷逃之夭夭，好險沒追蹤到我。那機械化的每天到一定時刻，面無表情伸出雙手，一天一次或數次不會比吃三餐吃宵夜更具象。就像生活時鐘日月擺盪之必須，痛覺會過，而且無需任何努力，只消一時半刻，隨後我又能嘻皮笑臉，重新活過來般的借同學看瓊瑤小說，為小說人物認真爭辯，甚至因此而煞有其事地賭氣。

三、

「不會生活的人便把自己緊束在制服的普遍性之中，一

直繫到最後一個釦子。好像這個制服仍是超驗性的最後遺跡，它能保護人抵禦未來的寒冷，那個未來中沒有任何尊重。」米蘭‧坤德拉繼續說。

其實真正可悲的不是某個年代、某個時期的貧血蒼白、某個體制下的盲從，更不是一件制服，而是，儘管日遠之後我們日復一日濃妝艷服，想像是千嬌百媚，衣服提包每天變換（或許包括男伴），可我們，依然桎梏在制服體制之中？

像要甩掉那個只能居於末等而又無力甚至笨到無意反抗的貧血少女，天天用心打扮，喜歡亮晶晶的東西，那些用來應付考試逼迫的腦汁姑且甩乾瀝盡。一考不好就得伸直雙手（偏偏怎麼也考不好），那年代日月淹兮，其實要脫困有很多方法，高明如託辭歷歷，低級如死纏爛打加求饒，這些年屢試不爽。我想甩掉一些東西，那種笨拙得讀書也考不好怎麼都只能挨打，被質問是沒專心聽課還是聽不懂，偏還乖乖回答是「沒專心聽課」，那樣櫻桃樹被用力砍斷更徹底的失敗蠢少女。

（可是活著一定要這樣嗎？）朋友小倫根本不屑這一套。國中時「罩」過我妹妹的大姐大小倫，天不怕地不怕挑釁戲謔打架，訓導處動輒報到，但底下一群小女生都愛戴她。什麼校規什麼考試，小倫活得暢意瀟灑。當然她日後也是沒什麼學歷名堂的，但那是她早知而選擇的，談感情一帆風順，男人都愛她愛得要死，因為這女生跩、難搞，這叫做愛惜羽毛。她笑我活得累但又矛盾的羨慕我「好命」。至於那年……國中班，明明我們早沒聯絡了，甚至能力分班之下大樓冷然區隔，為什麼她會指著我妹妹說這是「『我朋友』的妹妹」，

想都不想而及時救了下來？「朋友」，對小倫她們而言，不是一字千金的嗎？

　　「大家都說我是功課不好的孩子，沒有一個好學生願意跟我接近，只有妳例外。」長大後小倫告訴我。包括大專時我還帶著她來參加校內社團活動，可是她事後噴口煙向我吐露，根本面對我的校友同學，那些意氣風發、自鳴得意的愚蠢大專生，她，既不屑，又莫名自卑。（跩慣了的她……）

　　我想到跟小倫一起共度的童騃時光，剛分班，我正巧座位排在她附近，很快要好起來。流言紛擾，孩子不懂掩飾，小學其實是個肉弱強食得更徹底的小社會，「妳跟她在一起不好喔！」如是耳語紛紜，我也曾真的跟她斷交過，「妳怎麼可以笑我愛哭？」我氣呼呼對她質問，有段時間不理她，後來自己忘記了重新去找她，立即又變回好朋友，她的傷心以及成長的反思逆轉，我壓根沒想到。

　　（大家都說我是功課不好的孩子，沒有一個好學生願意跟我接近，只有妳例外……）

　　我不知道該怎麼說了。我想到，被父母師生多年呵護備至地送上國中時，我還不知天高地厚，還以為自己依然是個受寵的小公主，一開始被打罵被取笑，我都還天真地以為是玩笑或是例外而已，因為不會有「這種事」啊，怎麼可能哪，對呀不可能是我多心……從小我就耽溺愛照鏡，望著鏡中剪短了髮逐日青蒼的臉容，我照舊笑一個：嗯，那只是人家跟我開玩笑；那只是例外……到有一天，我鏡照的眼瞳再也無光無神了，早熟的冷眼，安安靜靜地無神流盼，知道一切既成事實 —— 無知的、可悲的、令人流著眼淚笑出來的，血

淋淋的認清的 ── 喪鐘敲響，可這內容竟貧瘠得可悲。

　　從青春到前中年，我們共有的世界觀堅貞、甜美、荒唐而始終如一。（喔，對了，從紙糊的喪鐘敲響以後，我們情不自禁選擇了幼稚晚熟。）

　　至於我那曾經暴露在危險之下被救而不自知的妹妹，直到現在依然活得像公主。那未來可想而知。往往我很擔心想要搖醒她，看到她幸福璀璨的公主笑顏，卻又不忍不敢。

　　抑或不是不忍，而是貪戀。

> 我突然醒悟過來，原來長期以來我渴望一個有君父高臨統治的環境，權威然而溫柔的君父……
>
> ── 《迷路的詩》p.132

之所以楊照不寫詩了。

── 聯合新聞網

倒數年代

　　這些年，總有些恍惚的時刻，我會想起那個跨世紀倒數時分，跟老友費文一起坐在台大醉月湖小橋階梯，輪流開口禱告來迎接人類史上新紀元，末了她木著臉遞給我一封印著台大字樣的古典信箋，書寫相交八年的世紀末感恩，「今天在這個人類史上重大的日子，我們的友誼所標立的意義是遠超過跨世紀這字眼所能刻量的。」

　　（八年。當時我們怎麼就看起來好長了呢？為什麼到現在，又一個十年過去了，卻仿如屈指一刻？）

　　清宵如水的夜晚校園，標誌逝水流年、匆促錯身的世紀關口，宿舍清蕩一空，平日盤旋散步的民眾也囂散於各商圈，我們兩個怪伶伶老靈魂正好肆無忌憚向上帝告解。

　　屏息、倒數。

　　壓抑、爆裂。

　　倒數五秒結束我們躍然起來，你一句我一句宣告願望都要達成，像是「我要當學者」、「我要忘記某某」之類的，（竟沒有一個願望是要有錢），再一起去彼時還沒退流行的MTV館，挑部沒營養的片子看窩著看。

　　舊世紀終結。

　　文明初啟。

　　彼時我們還在流長揣度，1999 會不會是世界末日？如果

就這樣死去，一定要向所愛的人都傾心吐意。

還有，願我們永遠彼此相愛。

世紀末年，我們讀了曹麗娟小說《童女之舞》，都特喜愛最後的短中篇〈關於她的白髮及其他〉，寫一群流離徬徨的女同志故事，老友就形似主角費文；那年老友費文交往三年的鍾愛女友選擇了男人，費文癡癡纏連，女友也難以割捨，於是她倆從戀人轉成一對摯親友人，甜蜜蜜互喚昔日暱稱，手拉手相愛無求，眨著無垢的雙眼對望至今。小說從主角費文月經決堤開始，白髮多出幾根，她驚覺自己「沒有長大就要老掉了」。

朝如青絲暮成雪。屬於我們的長大，來得很晚，面臨失去所愛而後要畢業了的尷尬處境，如此惶惑無辜，我們二十幾歲就怕透了時光流逝，晚熟如我們在還來不及長大的時候隱約間有種即將要老掉的感覺。「眼看他起朱樓，眼看他讌賓客，眼看他樓塌了。」老友費文喜歡老氣橫秋地吟誦這幾句，有次顫巍巍對我說：

「妳也走吧，就讓我徹底地失去吧。」

橫豎我們，根本無法得知明天會是甚麼樣的世界，她不知道，她的學者夢至今未竟，痛定思痛把精力全都耗在一場接一場的公職筆試，多情應笑她早生華髮；新戀人依然杳然，舊女友已婚依然和她手拉手思無邪，隔了多少個山岳始終世事兩茫茫。我不知道，越長大越衰老竟也越懵懂，想要記取的那些無法抹滅純淨恆一無二，始終無力不使之嗆上遭逢的劫灰，結果發過誓要珍視逾恆的，最終竟都混濁了。橫豎我是無從辨知的，就像好多好多事一樣，我要一直問別人意見，然後尾隨那些答覆而忽悲忽喜，毫無主見，像隻牽著線的木

偶娃娃，一推就順勢倒下，一撐就牽動表情哭泣。

（我們，什麼都不知道不知道！）

一咬牙，「我不知道」，這句話後面最好別加驚嘆號，雲淡風清的句點就好抑或什麼都不要加，這樣會撇得更清。笑一個吧，一言以蔽之思無邪，之所以如此大方是因為某方面雖敗猶榮，一事無成且算是懷才不遇的孤意詩情，唯想到張愛玲說的成名要趁早，冷不防被賞個大巴掌。

〈關於她的白髮及其他〉中一再提到後來成為某年奧運主題曲的 "Return to Innocence" 這首歌，反璞歸真，「喝－咿－嗨－呀－嗨－嗨－呀」反覆播放到主角費文胃酸想吐，勢不可擋的生命力道唱絕了我們的青春，後來這首歌因版權爭議而絕版，所發軔的原住民之「飲酒作樂歌」則成總統大選族群融合廣告歌。從奧運到總統大選，咳，我們始終幼嫩而滄桑，至今老友費文依然吊著書袋，我仍迷離於迫切需要肯定的自我形象，老友，任你我嘔心瀝血，過盡千帆皆不是，說到吐了繼續機械化啟闔乾枯雙唇，何不裝啞緘默？

當年我們早衰，現在我們晚熟。

總有些時刻，我們會想到那個迎接新世紀的倒數時分。

青春無敵，時間的詭譎性也無敵，不知不覺耗損無敵；明明我們夜間夢見天使，醒來彼此相愛，卻要走了好長一段路之後才發現，常常彼此都只是一個人在受傷，一個人砍倒一棵樹，一個人說謊與承當。

總會有些恍惚的時刻，回過頭來，滿臉淚水溫暖如最初。

而我們將模糊感知，一切會足以抵禦。

── 聯合新聞網

如果只能挽留一道徒勞的手勢

到了明天，到底會是甚麼樣的世界？
「那是誰也不知道的。」

—— 村上春樹・1Q84

2010 跨年煙火，是跟家人在住宅 15 樓看的，小貓睡衣外披一件雪衣，躲在老公懷裡呵著寒氣發抖，媽媽還拿長圍巾笨手笨腳試著要來包住我的頭，我不說話躲開。真冷啊，從不知道彷彿恆溫般熟悉的住處，頂樓有寒光流動，此時各層樓客都興奮的挨上來，有些抱孩子，有些抱狗，管理員引導方向，「要開始了！」招呼著，竟有點新光三越頂樓的節慶味道。

「這是我們女兒第一次看煙火喔。」我對老公說，他微笑摸摸我懷孕八個月大的肚子。煙火好遠，好迷你，從我們複杳的心眼看去，淒遙之態參差成了繁華的對照，可是，女兒又在肚子裡踢了，她好像很快樂喔，小小人看小煙火，越單純，越容易滿足。

而我感官蕪雜，甜蜜與疲累交織。孕期我說話很少，女兒在羊水中安睡，我亦蒙昧如冬眠，不定時竄動的情緒卻又令自己害怕。怎麼會變成這樣？爸媽沒順我意，我會無理的惱怒；工作一遇麻煩，我竟當場哭得像是整個人都被打倒。

失去一切抵抗力，倒退，倒退，再倒退，鑽回意識蒙昧界，我變得如此軟弱躁鬱遲鈍恍神而溫柔易折，赤手空拳，單薄如初生，然而極其小心眼，兩個極端靈魂加一個胎兒，壓得我離地面好近。

尤其極度小心眼，鬼上身般愛計較，動不動氣得鬱結生病，等到虛弱地躺在床上，滿腦子又恨死自己居然這麼小心眼！

簡直想咬死自己。

吸入塵土，再吐出劫灰，為了體內的髒而絕望，我是如此需求救贖，清濁共體，悲欣交集。厭棄環境和自己，一點小感冒都難以忍受，於是動輒請病假，有恃無恐般；當然我並不是蠢到不知道，其實沒有所謂孕婦最大這回事，我不是不知道，往後生涯還很長，日子還是要過，多了孩子要養育，生存空間只會更逼仄，要顧忌含忍的只會更多。我都知道。我只是不知道：為什麼我會感到有恃無恐？

恐怕只是錯覺而已，一回神還是惶恐極了。請好病假，在剛換好的純白羽絨被裡睡了回籠覺，然後笨手笨腳搬出咖啡機，平常都是老公在用，自己不喝純粹煮給我，現在我捲起衣袖，光是研磨就灑了一地，零件栓不緊，栓緊了咖啡滴不出來；好不容易都搞定，煮出來卻難喝到想吐，我偷笑了，啊我如果當全職媽媽，會是多麼笨的主婦啊！要學的太多，看來到時候在家裡，一點也不會閒的，這讓我安心得多。那麼就當個笨妻子，像老公素來疼愛的那樣。安安份份守著老公跟女兒，那種自成天地的幸福，以前怎麼就是不能體會呢？

對工作環境倦怠極了，外界令我恐慌，還是老公好！黏著他，賴著他，偎著他，挨著他，吻著他，嗅著他，蹭著他，

恨不得水蛇一般鑽進他體內，從此不要再出來，於是在家大半的時間，我的人幾乎都是揉在他身上，泥中有我我中有泥，「老婆妳超黏人的！」他有時候會笑著抱怨，但又樂於寵得我一蹋糊塗，常常給我買好吃東西，做「老婆大人專屬搥背券」給我，如膠似漆如新婚燕爾。

我們開始有個浪漫的嗜好：晚上早點回臥房，拉開窗簾，並躺看窗外燈火。這種時候，情話會變得很多，我們開始想像一起老去的光影，情節其實也不外乎，依偎在美死不償命的櫻花樹下，倦了，閉上眼，一起死去那種橋段，可是，偏偏即便是如此俗濫，兩人還是自我感動得流下眼淚，然後這麼擁抱著睡著。

（如果沒有你的愛……）

寶貝女兒胎動纖嫩如羽翼未豐的白鳥撲翅，血肉玲瓏，窣窣癢癢地撩搔。

（其實一切沒什麼好怕。）

在這僅餘的，倒數的時光，難免會衰弱易感。到了新生命誕下的霎那，總有些什麼要自然汰換掉，海上泡沫般死去？那麼會是什麼？日出時，到底有些什麼會終結？

只怕倉皇負了卿。如果只能挽留一道徒勞的手勢，我希望，盡其所能地溫柔，不問得失，在短暫僅餘的，容許付出的幸福中，好好過完這段倒數時光。

屬於夫妻的烽火綺想

入秋以來，一場流風宕延的感冒，症狀輕淺如喟嘆，卻低迴遲癒，近月撲朔暈眩，難於行止。張愛玲〈金鎖記〉中醉釀酒底的小紅玫瑰，蜜沉沉，疊合一層迷離的既視感知，如小圓月，山陰間攀升起落。病的日子，行動能力滯礙，無法真的做成什麼事，只得拼湊拾綴紙片般的謹小慎微思考、詩書斷簡佚篇。昏昏的閱讀，薄頁窸窣，幸福微若。

這段時間，丈夫加班風風火火，陪伴我的時間少，夫妻相處身影翳集於入夜清晨，夢與現實臨界口。我的病榻接連他的繁重工作喘息渡口，靈魂交互羽翼，摩娑出恆溫。夜如野曠，渡離的那刻，昏病的我得以霧中獲釋，精神清醒，轉瞬欣幸，然而，清晨是他的彈火將發裝備站，睡眠必須性地要儲備戰場種種所需，起床便趕著上膛，夢能甜美？

靜靜地在客廳沙發吃早餐麵包，掀動一頁聖經時聽見他的盥洗聲，心中默默立誓，他走出來的照面間，要投以一個甜美笑容。每個笑容都是天使的安慰，即使所謂強顏歡笑，悲欣中的滋味那麼溫醇。

凝視他快速穿襪的動作，想像他職場上的鎮日煙硝，憂愁不忍起來。丈夫，與其說我是你的後盾，毋寧你我共棲於戡亂封鎖期，兵荒中牽繫十指，不能而不容離散。

烽火中，動盪詩情行吟。那是你我的共同餘生。

已故作家黃宜君在她唯一出版著作中寫：「每一次轉身便是一次告別」。你我告別了多少次，就有多少回小團圓。

丈夫加班回來滿面愁容，累積了一段時日的疲累，加以人事流言鋒口拉鋸，心思純真的他難以招架，孩子般惶惑問我：「他說我卑劣，我是卑劣的人嗎？」怎麼可能呢，我愛笑愛說話沒心眼丈夫，竟因此指控而懷疑自己。

我們向來是對大眾眼中孩子般的夫婦，別人視我們為單純幸福無虞，其實我們一樣憂患。

孩子的心，成人的滄桑。

週日，教會做禮拜回來，吃午飯喝珍奶相偎片刻，一起看連續劇。劇中年近 40 的女主角剪了學生頭，青春清麗，想起我在懷孕前也蓄了一年這款短髮，弧度如香菇般包覆耳朵，一揚就能感受髮梢輕撲臉際頸間的滑溜觸感。結婚八年來，那是丈夫最喜歡的髮式，「香菇老婆」默默停留於他記憶的溫存一隅。

忽然，我提出想去剪成這髮型，他連連叫好。

新的一週早晨，他上班，我頂著香菇頭寫稿，刻意揚動幾下，感受睽違的懷念觸感，甜蜜宛如孕期羊水化胎。想像，沙場上的丈夫正躲過一枚流彈，又驚又慶，每個表情都飛揚灑落。

—— 中華副刊

或許是寬容之色

　　在病倦中看見木心寫明哲，是癡心已去，是被褫奪被割絕的，因癡心與生俱來，「明哲僅僅是亮度較高的憂鬱」。抽刀斷水，再決絕的手勢、再裂帛的聲明、再清醒的神色，髮絲垂掩的青蒼眉梢，或許莫不帶著失落。

　　甫經歷一場小小的離別，分明離開的是自己，憂鬱卻如山雨漫漶，思念幽微。有一陣子反覆聽著張懸翻唱的老歌〈如果你要離去〉，那低沉婉約帶些圓潤無飾孩子氣的初熟音色，如一縷煙絲、一層薄霧，帶潮濕詩味。

　　人心微感傷就好，情緒總是需要節制的。MV、微電影、小情歌之所以時興，除了符合都市倉卒的節拍，也因濫情太過傷身。

　　一如人心不容解構，一份關係的離合與不得不然，往往無是非可言。人心微脆，人情流轉多數並非切割乾淨的玻璃鏡面，縱使牽涉大是大非，不得不大刀闊斧割袍斷義，仍不免帶些有溫度的毛球棉絮。當我們討論愛情以及我談過的那場戀愛、戀人絮語……典籍帶上床，何其蘊藉，然而，天光微亮之前，偷竄於蒙昧意識裡的魔魘，是賊。

　　最理想的是輕輕徐徐地撫拭書冊，一遍又一遍。透過如歌的行板，眠雨滲入夢土。夢土之下有火球，供人心取煖。

　　初秋時，打開臉書想寫篇夏末小記。一季之間，流雲聚散琉璃碎，從開始告別，清純至紛陳，這個夏天成了一個漫長的午寐。斯時，午後昏倦，乍來忽逝的雨光也怔怔的。沒有悠悠生死經年，不過是一場小小的告別，然而非地域性的離別，尤其以不歡而散收場，不免令人憂疑：曾經的美好就此抹煞了？卡在喉間的不僅是離思，還有難以言詮的悵念。

　　如何不予抹煞，還原美好，還能無雨無晴？人性的龐雜顯然無法被雨水中止，我試圖阻止想像的涉入。所知有限，而人心如此微脆。或許只是害怕受傷，沒有惡意。

　　有時只是解釋的方式錯了。

　　然而，沒有錯負，又談何原諒？倉皇間，我們都曾有過頓時生念的怨懟或憤忿，或許慌亂間來不及察覺叢葉掩蓋下的底衷，但若無起初的善意，又何來情緒。倉皇間的怨懟或憤懑，其實，或許是寬容之色。

　　　　　　　　　　　　　　　　　　—— 青年副刊

破曉曙光

不同於城市裡霜霧的絮語，人行道上葉尖蒸發的雨水，夜色退場時沒有優雅或莊嚴的序曲伴奏。無論必須捱上多少回合的輾轉如哽咽，輕盈得彷彿隨時會失去的等候，破曉往往是倏忽清亮的。

無論長夜有多少隱匿的心事，都必須性地曝白了。犧牲過什麼，飲咽了什麼，沉默的悸動或喧囂的孤獨似乎都不再重要。隔窗遠眺，清晨亮度柔焦似依稀曚曖，屬於白晝的種種不可逼視，在日光的曝曬下凝凍如不朽。

無論如何，走出去以前，還能藉由方窗上那層紙漿似的薄糊打撈散佚的影子，不在暗夜中迷路，也不致日焚下化灰。

嘿，我們的人生，並不能單純地劃分成明亮或黑暗，在那之間有所謂陰影的中間地帶。能夠認識那陰影的層次，並去理解它，才是健全的知性。

村上春樹的《黑夜之後》裡有這段對白。與其說是推翻徹底或絕對，不如說是在誰也不能認定的徹底或絕對之中賦與類似旁白的頓挫，一如電影《日出時讓悲傷終結》，女主角那句靜靜的旁白：「每天，都有一次的破曉。」

旁白、獨白、對白、念白⋯⋯夜之街角存在各種聲音。

索性平躺在凹弧柔曳的盆地上，聽風的歌。

身畔有花海，是漸漸生長綻放起來的。那種生長的速度與方式實在太零亂太魔幻了，急促長出小小的花苞，驚鴻一點的絕豔後卻是顏色抽盡的蒼白，偏偏又不凋零，就在那裡突兀地杵著，直到真的枯萎。

在奇蹟發生以前，天色其實就會漸漸亮起來了。我們都曾有過無眠的時光。打撈著心事，你我必定都曾無意識地揚望，窗外，天色從滅絕的黑到柔焦的迷濛，再從薄糊趨於飽滿。也或許經歷並非漸進式，而自己太沉溺才幡然發現天光清亮。停驛時的微顫幾近於救贖。

暫且忘了或長或短的辛酸吧，看，風在流動，叢蕪深處是不是總有什麼如螢火發亮？即使有時我們明白，奇蹟不會以自己期待的方式發生。如果除了光的來源，沒有一樣能確定，唯願指縫間流動的明滅在心裡微小閃耀。

—— 青年副刊

寶貝，新年快樂

　　枕畔傳來的爆竹聲似乎一年比一年淡薄，年假伊始，無寐的夜，幾近於令人迷惘的細長清宵，而黑暗的寒流中隱約燃裂的危脆品質卻又揭示，在這樣的更宿，再怎麼風雅品味歲末年初的交際，即便用馬德蓮西點蘸茶，都不可能若普魯斯特的逝水年華。

　　今年的第一聲爆竹，妳是在夫家床上睡不著聽見的，居然如此隱約遙遠得毫無真實感。寶貝妳極不習慣那裡的硬床冷衾，但妳絕不承認是什麼嬌生慣養，那麼說是原鄉情感的莫名固執好了，可以嗎？出於什麼不重要，橫豎忍一忍就回家了。妳沒什麼表情，不管回夫家、還禮俗還是跟家裡去玩，新春年年過，彷彿妳心如止水，抑或是倦怠。連拜年訊息都少得可憐。但是妳自己也沒怎麼傳出去，沒什麼重要。

　　張愛玲說，生命是一襲爬滿蚤子的華袍。「在被爬蟲逗弄得全身發癢之際，你是奮起抵抗還是消極放棄？」妳最愛的老師酷愛張愛玲，喜歡引用這個句子對妳說，而這時節，她繼幾本學術論文之後出了小說《美人尖》，對你們這些粉絲學生而言可說是開春第一砲，平淡生活中的驚喜，妳訂了十本書寄到公司，還沒開工，收不到，但妳那十幾年沒有讀文學、個性也頗不三不四的死黨，已經看得涕淚橫流，還在

電話中唸給妳聽，妳一聽就感深得張愛玲真傳，精采斐然，恨自己還拿不到書。

　　表情依然不見大起落，那是這幾年妳慣來的溫吞和婉痴呆，而定格之間妳知道，現代文學史上，「張派」傳人又多一位了罷！老師研究古典小說，嗜讀張愛玲，第一堂課上老師就說，紅樓夢是古今中外最偉大的一本著作，只是當時妳耽於重口味的金瓶梅，攤開才子佳人匯聚的紅樓夢，淺薄得只讀到風花雪月，非得到有了年歲，滄桑過後，才能感受紅樓。滿紙辛酸淚，何只作者癡？老師曾說，春節期間，爆竹聲中讀紅樓盛衰，滋味不同一般。最最痛澈的那時期，過年時想起那番話，於是重拾紅樓，在家讀了好幾天。掩卷沉思的時候，眼中乾涸，卻又那麼想要好好哭一場。

　　寶貝，妳知道自己至今什麼都不是。文學春秋大夢滯如石胎，或手惰或妳根本才器不濟。私密情結更注定胎死腹中，只不過不生不死之際，妳算是還有苟留空間。曾經在悲傷極了的時候，老師知道妳的無助約妳出來敘，見她依然神清骨秀，聲笑生風，妳一陣熟悉不變的快慰。生命是一襲爬滿蚤子的華袍，老師再次對妳說。可妳怎麼辦？文學是人生的救贖，妳從年少就開始信仰的，但即便深得紅樓金瓶魂魄的張愛玲，不也掙不開胡蘭成情結而後死於孤獨？

　　寶貝，妳一路過來自以為是的跌跌撞撞、哭哭啼啼，根本談不上什麼輕與重或靈與肉，更別說淬煉。曾經心疼罵過妳的人，現在紛紛誇妳很長進，充滿善意地俯身看妳，把一小撮走過的黃土視為妳的一大步，那是他們的愛心。可是妳，多不知天高地厚，居然曾經認真的、愚騃的、矯情的以為，

這是軟弱如妳的勇敢。只為妳走過了那段路？寶貝，其實有時候，勇敢不是堅忍或上進，而只不過是，倦極了總會睡著，如此而已。　有一天恍然發現，學習勇敢，其實也就是學習接受。

（明知不能偽裝成黛玉那隻依樣唸詩的鸚鵡。）

再見了，爆竹聲中讀紅樓盛衰的新年。接下來想找個年假期間，窩床上看普魯斯特的追憶逝水年華，只是，洋洋七大卷，還是要一點勇氣……（卑微在曠世巨著前，寶貝，妳難得承認人性本惡：附庸風雅、懶惰、做作。）什麼書都沒有讀的年假。爆竹聲稀微的可異年假。再見，晚春快樂。

—— 青年副刊

不能專情則難以專注

專注、專心的能力，其實就像專情一樣的性質。

如果，很喜歡很喜歡一個人，無論以哪種表達方式來體現，對那個人的一切，都會是一心一意毫無遲疑的喜歡。即使怕打擾、怕煩到人，無言的純淨溫熱，也是那樣悉心保守著準備隨時為對方而賁放。

王瓊玲老師剛捎來一封留言：「小公主最近好嗎？很想你們。」

這樣，任誰都會快樂的微笑吧。青春期的思慕，綿延十幾年的情分。至今依然丰姿綽約的中文系教授，能優雅能人來瘋，宜顰宜笑還會擊桌，一種精神燃亮我們當年的夢想。

青青子衿，悠悠我心。文學概論上完又旁聽一年，外加蹺掉一年的政治學去上她的國文，報告幾萬字的交，樂在其中，專情能使人專心。

但為君故，沉吟至今。

而我已經不能專情不能專注。

最困擾的癥狀是閱讀和寫稿能力的退化。最先發生在口語表達層面。曾經很嚴重的發生過語言障礙，不是沒話可說或者不知道說什麼，而是，分明很多事很熱切的想表達，面對面有機會吐出的時候，話卻梗在胸腔出不來，官能性的發

不出聲音，硬生生隔離在自己很愛很愛的人面前。人家分明看到我端坐不移，哪裡想像得到我體內正在激戰？根本連我自己都覺得不可思議、不知道竟有這種事，居然連說話都要費力掙扎？情急之下最後總是還說不出話，流了滿臉淚，算完了。

後來表達官能漸漸修復了，只是口才變得奇差，幾乎只能做小孩式的簡單會話，遠遠落後於年齡和工作應對需要。

再來，開始流失愛與關懷、感動的能力。我跟朋友們還是很要好，可是有某種隔離，美好事物變得不痛不癢，感受封閉著，懶懶的。我也還是一如從小到大那麼愛哭，只是似乎只能為傷心不如意而哭，卻再也沒有流過感動的淚。

淚水依然是淚水，只是失去溫潤的質素。從此似乎也沒有人會為了我的淚水而認真安慰我了，因為絲毫感動不了人，自己和他人都厭煩。

現階段，「無感」所滲透的是閱讀和書寫能力。這點我最困擾，各方面貧乏如我，最驕傲的才能向來就是閱讀寫作，如果連閱讀都不能專心，連文字產出都如此平庸，我簡直無法喜歡自己了。然而，殘念的是，相較於愛與感動的消弱，文筆又算什麼？如果為此惶惑，那面對更真實的情感與關係呢？

「我發現妳的問題了：妳的問題不是能力，是不專心。」好主管在我做錯事時提出，很溫暖的跟我談了很久。

專心就像專情，這也是他說的。

「愛神、愛人、愛自己，永遠盡心盡力。」我在 21 歲認識神那年，日記寫下的句子。現在，我又重新渴望那樣的活，

真真實實的，樂觀有信念的活。熱情的活。不怕受傷。

　　自從我不再專情，也漸漸無法專注了，然而，像這樣的我，天父沒有放棄。

　　於是主管應我要求，在他一篇我很折服的新聞稿上，寫下奉主名的祝福宣告：我會能夠寫出這樣的東西，又快又精練，下標棒得令人無法不看！

　　於是我貼在辦公桌前，一看到就想微笑。

　　　　　　　　　　　　　　　　　── 聯合新聞網

Beautiful Women

　　想提一下張懸的新專輯。上班聽著做事，一邊 Msn，跟近宇君說，聽張懸的歌，會令人感動著：這世上，很多美好事物。近宇跟張懸沒有那麼熟，但是善意地認同，其實我們真正共通所認同的是，那種美好事物的溫柔能量，一些生活的小確幸，那種淚水總有出口的感動，無論怎麼茫然失措、永遠都在原點安然守護的信仰，愛。

　　雖然我的生活、煩惱和寫作，總在鬼擋牆。黛西好意勸我：UDN 專欄的點閱率下滑是警訊，因為我文章裡出現的元素一直鬼擋牆：瓊玲佳人、Ant 說的話、酷愛 Tizzy Bac；單純弱智、自殘、回歸。「這樣讀者會覺得看一篇跟看更多篇沒什麼差別。何況現代人生活夠苦悶了，誰想再聽妳說苦悶沉重。」黛西最後鼓勵我：「妳的生活還有先生、長官、同事，能寫的東西比我多多了，加油呀！」感謝黛西，其實她向來不怎麼喜歡我的作品的，但她的善意認同真單純溫暖。不太對等的，我是一直很喜歡她寫的東西，即便我們 Tone 調差很多。也或許一方面就因 Tone 調差很多，她的文字給了我某種沉潛於閱讀與感官釋放的出口，我一直喜歡讀她的文字，即使在勞碌無心閱讀的時候，網路一連線，也想往她「如果我們的語言是網球」部落格那邊去。

　　是啊，現代人生活夠苦悶了，誰想負擔我鬼擋牆絮語？我也很想突破呀，可是偏偏好吃懶做的我，通常會有慾望下筆，都是苦悶的時候。

　　那麼我想提一下近日單純感動的美好事物，像是張懸。剛把手機來電答鈴從「寶貝」換成 "Beautiful Women"。這兩首是我跟老公都很喜歡的，我第一次聽「寶貝」，還是新婚時他放給我聽的呢，說我是他的寶貝。相較於「寶貝」蘊含的療癒意涵，"Beautiful Women" 雖然作為「性別認同代表」，歌詞卻沒有那麼明確的意義陳述，而靠曲風傳達一種女性的剛柔並濟與愉悅輕盈。在我心目中，張懸是個 Beautiful Women，有小女人的含蓄、恬淡寶貝的溫存貼心和瀟灑個性主張。相較於常被用來並提的陳綺貞，一樣是我愛聽的，但我更偏執張懸。

　　"Beautiful Women"，女性要愛自己，這是我們歷久不衰的口號，可是有些時刻，我們真的好單薄，宿命性一直想掙脫自我牢籠而又鬼擋牆。別人的看法一直在滲透我們的自我認同，甚至在沒發生什麼嚴重過失的時候，我們也可能疑神疑鬼地自我批判。在這意志與表象的世界，我們的理念不時會搖搖欲墜，然而再怎麼拋擲紓發，最後還是沒有人真的有本事鳥妳。

　　常常，我在該慚愧的時候理直氣壯，該謝罪的時候耍任性，該伸張的時候閉塞。我總在力有未逮間，不知堅持著什麼。「單純」是大多數人認知和喜歡我的特質，可是我常常在偷偷思量計較，沉溺於自己的哀愁小心眼，自己生悶氣，又討厭著自己的狹心。我渴望別人認同，但又老幹不值得認

同的事。做不好、拿不出氣魄、想賭氣,結果最懊喪的不是事件本身,而是:我怎麼 EQ 這麼差?拜託怎麼會這麼不可愛?

　　我不想待在這裡,但又怎麼也捨不得。我有好多事想做,卻有更多顧忌放不下。

　　然而總有一天我們要勞燕分飛。到時候,我們能以彼此為傲嗎?

　　　　　　　　　　　　　　　　　　── 聯合新聞網

王子公主滿天飛

　　林志玲演的小喬美到直逼詩畫，顰舉笑貌迴腸蕩氣，就連低首斂眉的婉轉之態都若遠山流泉。「簡直不盡人情了。」我帶著女性妒意地想，隔天 Msn 上猶不甘說給近宇君聽，「或許小喬就是這樣美得不像真人吧？」近宇君果然高見！八卦媒體流彈橫掃，大肆譏之為「花瓶」，不料這句譏笑洽成選角成功之完美演繹 —— 凝止於屏息之態的古典式絕美。

　　儘管無限優雅甜美，志玲姊姊卻不是自恃公主的那種自戀嬌嬌女，或許，這即是她在女性妒意重圍之下依然能殺出一片大軍的原因之一。畢竟，這年代，型男型女滿街跑，公主王子情結滿天飛，輸人不輸陣，自戀先贏，輸贏不在內涵、實力甚至外貌，而在聲勢，令人愈厭膩愈不可自拔。

　　首先，我自己就是出名自戀愛美的例子，但真正自信者，早習慣自己的優勢，豈會無聊到搞自戀？自大必出於自卑，連小學生都聽過的道理，到底我們還想驗證什麼？因此我的公主病，不是城邦裡血統純正的公主，而是沒生命的塑膠娃娃。連芭比都談不上，芭比太美麗性感。是日本的莉卡娃娃，睜著圓呼呼的雙眼，永遠無生命的甜美無衰竭，裝傻衝愣。

　　勿傷其類。我血淋淋見過太多自命公主王子的同類，無論自戀、虛張或自欺欺人，苟得其情哀矜勿喜，公主落難不

是因為現實險惡而是本身太白目，王子虛張也不是因為本身多迷人而是順勢而為何樂不為。團團圍繞，不是因為王子多英俊，而只因他是王子。王子自戀不已，無論追根究底事實為何，或許那並不重要，重要的是，那一刻，他很爽。往臉上貼金是低級手段，終極關懷也就是自爽。坐擁王朝，水仙自照，或許不過是幻影，但又有什麼重要？不探身去摘就是了？起碼在映照的這瞬間，自爽的目的達到了，在這永遠僅限於淺足的階段，足以昂首挺胸。

（難怪自古以來苦命的都是落難公主。公主向來美麗得太過囂張，自信不足而膚淺外露，為什麼不能爭氣點呢？）

孤注一擲不轉彎。這時代公主王子滿天飛，成者為王敗者為寇，輸贏之間端看你自戀自信指數。另外請注意，八卦時代勿留破綻；過度八面玲瓏無疑是最大破綻，別忘了自大緣於自卑的道理連小學生都聽過；受恭維時別得意忘形，真正的皇室子弟是被捧慣的，那些黏耳朵的東西不嫌煩就不錯了；愚蠢的粉絲圍繞時請別太高興，想想蜜糖被蒼蠅打轉時會沾沾自喜嗎？苟得其情哀矜勿喜，反之是什麼？恐怕是受寵若驚，既欣喜被捧上天，又深怕不知何時會被摔下地。佯裝成不可一世，實則千方百計要取寵，活著好累，當王子公主好累。

暫且卑賤的，諂媚的笑一個吧。夜未央，王子嚮往乞丐，公主嚮往灰姑娘，傑克嚮往豌豆，好人嚮往壞人，白雲嚮往泥塵。

在曙光勘破之前。

—— 聯合新聞網

我淫猥的哀傷與立志

　　寫得出《金閣寺》這樣天才鉅作的三島，悲壯之至地率
領日本自衛隊集體切腹而死，只為軍國主義理想？生要麗似
夏花死要美如秋葉，燃燒最絢爛時花火剎時凋零，垂弔的是
餘燼，魂靈則千鶴翩躚，但可悲的，過度耽美則近乎夢幻，
尤其童話罐頭必然有期限，可悲的你甚至用生命血踐。可悲
的，「軍國主義」、是什麼？甘為禽獸食物鏈肉弱強食循環
之極致，好個人體血脈賁張當作是高度犧牲昇華實踐！

　　實質，只是一個為了併吞不惜捐軀的黑暗謊言（底下犧
牲的是千萬死傷離散）。

　　只為了一個極其黑暗的謊言。唉你淫猥的哀傷與立
志……（而你就這樣悲壯亦膚淺的痛絕送了命。）

　　我從年少起就最愛的川端，七十多歲還開瓦斯自殺而
死，這位亞洲第二個諾貝爾文學獎得主，自殺沒留下遺書，
眾測紛紜，其中有個說法是：寫不出更好的作品，也就相當
於絕境了。此時期我正逢，退稿，退稿，退稿。無論哪一種
稿子，交差用或純自滿，從小到大可笑的自負，直到如今才
終於醒來，啊，黃粱一夢。江淹夢中的彩筆，一旦夢裡的神
仙收回，便江郎才盡。為什麼我竟沒有發現，驕傲自恃等同
於愚昧甚至自毀？

　　所觸皆毀。我們的哀傷如此淫猥，微言大義，小於一線青絲大於大於你無限青蟲的枝幹，你的言行敕令是我的生殺大權，唯有我一直低到塵埃裡開出花，曙光裡的弦月依然青白淺淡。但願有一絲溫度，寒澈的也好。無論塵埃裡能不能開出花，我的夢注定孵育不全了。但你有夢嗎？倘若曾有，我依稀可以勾勒，一暈溫柔曾向你凝眸淺笑。

　　藝術是孤絕的。廚川白村說：「文藝是苦悶的象徵」。尼采說：「悲劇是力量的誕生」。文學無關道德，因此《金瓶梅》被列入四大奇書之一，有別於《玉蒲團》、《風月寶鑑》，藝術指涉人性世情的悲涼，一旦以道德評論，就扼殺了藝術的昇華與美感價值。

　　藝術不能被道德扼殺，人性的張力與昇華絕非八股的文以載道。

　　然後有一天我問：

　　「為什麼你這麼愛我呢？」

　　（又或者，為什麼我相信你們愛我呢？）

　　面惡心善，那是愛；口是心非，也是愛。熟稔是愛，輕蔑是愛，責備是愛，懶得多說是愛，有一點在乎就是愛，嘴裡說無關痛癢，但只要為這幾句話破功費唇舌都是愛。催我吃飯是愛，碎碎唸埋怨是愛。痛苦也是愛。找不到出口徬徨歧路亂闖亂撞也是愛。那麼我不懂愛。

　　那麼你是愛我的，你我相愛至無私無我。那麼我只能按圖索驥，或者一無所是，找尋我淫猥的哀傷與立志。

——聯合新聞網

珍珠寶貝

　　去年初，一樣也是接近春節之前吧，我哀傷失眠一夜來上班，特地把 Msn ID 改成「把每一天當最後一天」，就悶在辦公桌前斷斷續續的哭，大珠小珠滂沱如簾。「過來一下喔。」守櫃檯的她叫我，甜滋滋塞一把軟糖，加一個大擁抱，「我看見妳有很美的心。」她說。愛看美好事物，愛上網拍看衣服，但她最懂得看的，還是人心隱密處扇貝緊扣的微脆角落。

　　我就知道，天父所引領的相遇是最美的，我就知道。是的，我一直都知道的，只是當傷害螫痛了心，人難免會質疑會受傷 ── 但不也因為太珍惜，才會受傷嗎？越過她靈巧水亮的眼睛，越過我們的傷痕滄桑，我們天父的眼睛，翩然橫越人間是非、層層裹裹的糖衣和腐朽，注視著，我們內在未經污染未受禮教啟蒙前，真實無二無偽的初衷。

　　我希望跟她一起珍視這顆會發熱也會受傷的心。

　　今天她謝謝我在她軟弱時陪她，我說，不用客氣，那是小事，我希望繼續陪她走過，所以，她一定要堅持下去。她聽了很感動，而我這下偷笑了；是的，她是不會放棄的！她總說我很會安慰人，其實我哪會？太多事我無能為力，自己都灰頭土臉，即便坐擁金山罷，就連一個真心的笑容都買不

起不是嗎？我也不懂心理學，草包得連有點智慧的建言都擠不出來。唯一「大智若愚」是，我早認清了傷痕、滄桑無人能掩蓋能驅趕，任誰都無能為力。早在未經事故前，從超然大師梁實秋病危時凌亂的寫著一個又一個的「救我」，我就知道了，生死的無情連一生超脫的修養都招架不住，只能求救，人究竟能做到什麼？聖經說，你們能使歲數多加一刻嗎？連這最小的都做不到，還憂慮什麼。

即便還未經生死，人事、人寰，已經足以把我們嗆成節灰再吐出 ── 啊，我們都是被吐出來的人！雖然我們至今不知天高地厚，天知道還得再被吸入吐出多少次，但無論如何，此刻我們貨真價實，是被吐出來的人、耶！伸手探進我們的肚腹，不客氣的翻一翻，總能多少掏出一些抵抗力的汁液吧？只要一滴一點，我們就能越挫越勇，大力水手吃菠菜般肌肉鼓脹，然後總有一天會力大無窮。其實再簡單不過的道理，我們傷痛，就是因為愛嘛！抵禦，無非是怕再受傷；我們哀怨地彼此訴說自卑軟弱無助，懷疑自己不值得被愛，心一橫乾脆把自己唾罵得好慘好爽，傻了，我們。

其實那一切根本不重要，我們只是想要幸福的過日子，越想望，越害怕。其實我們只是想要很單純的東西，至於我們自己好不好值不值得被愛根本不重要；屢次挫敗又站起，每次花好大力氣戰鬥得了勝，都欣慰地以為戰役結束了，王子公主從此永遠幸福快樂，卻忘了生活是不斷的開墾，意志與樂趣也正是在此。傻兮兮地，總有一天，我們又傷心了，好想要個任性把這一切都結束，傻到以為裝不在乎就能不在乎，誰都知道，真不在乎還用裝嗎？

　　—— 親愛的，妳現在知道了嗎？我們，除了往前，根本沒有退路。

　　活生生，血肉瑰麗，我們，永遠不會是羅得妻那根鹽柱。任憑匍匐三步退後兩步，步履蹣跚，兼蹢躅幾刻，幸福卻始終在前方，從來沒有變更過位址。

　　向來活潑的嗓音，消沉如鈴蘭委婉，啊，難得她也有嫻靜之美。透過她哀傷卻又始終如一的水亮眼睛，我知道，無論再怎麼受傷迷惘，她裡面滿腔的愛，向來就不肯妥協。

　　　　　　　　　　　　　　—— 聯合新聞網

背過身，不一定是告別

　　瓊玲佳人出版《美人尖》意猶未盡，開始錦織第二本小說。這場聚會，話題光是繞著《美人尖》就舞不盡裙花燦爛，而其中拔得頭籌的，竟是中文系睡著畢業、連四大奇書都數不出來、考插大偷看隔壁誤把《三國演義》寫成《三國志》、已達十年不看書的阿嫌。摺起書中美句到背如流，細讀之臻，怕連佳人自己都沒她熟落，連聚會地點「春天素食」都是吃素的她毫無商量下訂的。佳人巧笑倩兮，阿嫌舌燦蓮花，風采盡在此二人，不料無知無覺一劑回馬槍過來，阿嫌語鋒一轉，精賊想把莊家換手：

　　「其實我們裡面，最愛老師的是小拉，只是她沒我會說話啦！」

　　話只說對一半，確實我期期艾艾起來，沒幾句就被打斷，不會表達。其實我想說的，倒還不盡然是對瓊玲老師愛的告示，而是，我不得不承認，過去我一直自認愛老師無敵，可是，真的，人不要自以為是，即使是不能量化的「愛」！我跟阿嫌，都愛老師十幾年了，（即使不論感性，光是量化類推，也會是一輩子吧。）本人我愛的能量，無可比擬，直到長年以還，時間證明一切，滄海變成桑田，我們從青春到世故，我的天真成為凝靜，阿嫌的喧囂成為憊懶，阿毛的烏髮

早衰為青絲⋯⋯

　　但為君故，沉吟至今。我們赤手空拳，冷不妨被流放這世界，唉唉悲鳴，哼完自己去承受，看到青稚如我者，覺昨是而今非。阿嫌尤其薑是老的辣，打從清純之年已練就張牙舞爪之勢，故作老成，小小班級，羔羊唯命是從，肅殺簡直違者斬令決，那樣一個令人咬牙切齒又沒人說得出到底怕他什麼的傢伙，如今竟也透出慈眉善目的隱性光圈（說了是「隱性」）。彈指談笑，阿嫌不甘淪落地操著毒辣的語言輪流戲謔，說累了，望著我們這黨十多年好友的眼神，卻厚愛如長者穿山望川望斷秋水。

　　「阿毛說什麼經痛不來，我硬是要拖來，怎麼可以不來，我看到你們是多高興⋯⋯」阿嫌周旋家族企業之間經常如履薄冰的眼神，勘破三春，悠悠褪了雪。離席共乘的時候，我咧嘴笑著隨便說些什麼無厘頭鬼話，他的眼神又溫柔浮蕩起來，「我只有跟妳說話最快樂！」

　　「我只有跟你們說話才能笑得這麼快樂。」這幾年，阿嫌總是如此對我們說。向來說話笑死人不償命、總是一夥人圍著笑得前俯後仰滿堂采的她，在我對她電話哀鳴主管多兇惡的時候，她竟一反落井下石作風，認真對我解釋當主管的不得已，「妳知道嗎？我平常在公司，ㄍㄧㄥ得都快顏面失調了！」

　　這些年我們都很悶，常常我們都只是一個人在受傷和承當。自從我跟阿嫌在某間地下室素食餐廳合辦第七年同學會，自此冷場流會，可怕的是我跟阿嫌並不懊惱，甚至為了我們向來合拍的破壞力而自鳴得意。現在我們的瓊玲佳人寫

小說義賣暢銷，可這年紀不時興慶功宴了，只有在冷清的春天歐式素食小聚。

　　嘻笑怒罵，耳畔還聽得見，專五畢業前夕，跟瓊玲佳人一起去老二相館拍畢業照時三人一下得意一下懊惱的笑聲。那天我跟阿嫌帶學士帽，瓊玲佳人穿博士服，她邀我們兩名愛徒同步拍畢業照，我們多受寵若驚。畢業典禮當天的早上，我們三人還搶時間跑去台大先照相，陽光很美，佳人透著光的鵝黃洋裝花影笑貌更美，回來參加典禮的路上，我終於對她說出口了：「老師，我要走跟妳一樣的路。」她笑說「要很努力喔」，當時我怎麼竟會笨到不明白這句話呢？大學期間我還沒努力就先放棄了，理由還志得意滿，反而阿毛視學術為唯一的出口，卻又出車未捷身先死。阿嫌是唯一不唱高調的，大學混畢業後乖乖找工作，想以此擺脫家族事業的深淵牢籠，輾了一圈還是回去了。

　　回去了。回家去了。回到在最親的人之間爾虞我詐的生態，不可、不忍亦復不敢，卻不能不可不忍不敢的，可惡可親的，這輩子都愛到死的家。阿嫌段數更高了，只是撐得快顏面神經失調，變得沒見到我們就不會笑。

　　辛苦了，阿嫌。還有毛，沒有一絲皺摺的白瓷童顏，朝如青絲暮成雪，是鬢髮還是心境？吊著書袋蹉跎的滄桑恨行差踏錯，青春一去不復返。或許始終她才最純真。

　　甚至，最最不能承認的：佳人也老了。儘管我們都背過「廉頗老矣，尚能飯否」，可眼前畢竟至今依然窈窕身姿，神清骨秀，眉睫一簇靈閃晶瑩，嫣然如三春。正當我們欣慰著如此傳奇式表徵，她只道：「老師也老了。你們不願意承

認，可是老師都承認的。你們要學習接受，老師也會老。」

　　兩小時小聚，拚卻人間溫暖。臨別前佳人說要跟「東區粉圓」約會去，倩然起身把我們一個個抱滿懷，之後傳簡訊給我們，說她當天本來心情很差的，見了我們後卻奇異地轉好了，還有一句：「面對中年危機，我們都需要這樣的力量」……「什麼中年危機，誰中年？我快暈倒了！」阿嫌喳喳呼呼。（阿嫌啊，人老心慈的早熟境界，怎麼還是意氣風發不甘示弱？）

　　佳人恬然專注，正在寫第二本小說。她最愛宋詞，但研究次愛小說，因為「最愛的不能拿來研究解剖，要珍藏保留它完整的美」，十年來出了好幾本磚頭論文，學者佳人念茲在茲還是文學創作。

　　是她在梔子花香的季節，倩影躍然、吐氣如蘭地教會我們，文學是人生的救贖。

　　十幾年前的梔子花開季節，我們有志一同，愛上她至今。（前面說過，光是量化類推，也會是一輩子吧。）

　　梔子花開了又落。佳人滄海桑田，美麗告示逾恆。阿嫌最沒氣質，中文系睡著畢業，十年沒看書，偏偏在佳人的留言版上文字那麼縱橫如脫兔，阿嫌說：「人生遇見一個好老師就夠了，我的底子都是那一年打下的……」

　　「要開始忙碌的一週了。」隔天早上收到她簡訊，我很開心地脫去睡意，回傳跟她說，我也開始要忙，「衝呀」，她又回兩個字。

　　我微笑出門。背過身，不一定是告別。

── 聯合新聞網

淡忘的不代表不珍惜

　　文起以先，有必要簡釋一下我房間格局：有大鏡子的化妝台當書桌用，沒有衣櫃（堆填似的大把衣物硬塞爸媽臥房），代之以三面書牆，床前一大排最近期內最常看的書，連雙人床底下都塞滿幾近廢棄的書屍。（書癡們請原諒我不夠尊重書……）可以想見，除非特別熟悉眷愛的書，否則必經一番翻箱倒櫃工程。

　　下班體倦，只是無意間瞄到一本大學時期收錄得獎作品的文學獎集刊，「另外一期上哪了？」睡意全消，摩拳擦掌開始小翻箱。先翻到幾本不想給老公看的日記，再翻到一堆小時候鬼打牆買過好幾本內容差不多的徐志摩全集，不多的《古文觀止》，以及前幾年見鬼才買的幾本林真理子書，還有附庸風雅買來的繪畫史（立刻 Call 剛裝潢的同事問她要不要拿來裝飾客廳新書櫃）。像中文系《說文解字》一樣厚重的《世界新聞史》，十幾年沒翻老舊發霉，與其說是因其經典性而丟不得，不如說是基於某種意義而捨不得。

　　過程中，順便整理一面大學中文系教科書、古文書、古典小說的一整面大牆，從床底撈出《資治通鑑》放回去。某一格專放大學課堂筆記，遠去的背誦記憶，滿滿的追思眷念。「一定要找時間來複習。」我對自己說了 N 遍。只說不練當

然令人不屑，尤其說了那麼多次，可是，我心有餘而力不足的甜美的感傷的有夢的氣餒的說了又說說了又說……為什麼明明幾乎做不到的事總念茲在茲？

淡忘的不代表不珍惜。

恍惚間我還是又土氣又單純，又傻又驕傲。癡癡追隨王瓊玲老師的學術體系來考東吳，繼續堂而皇之選修她「古典小說」，筆記不旦抄得滿滿，而且連書寫的格式優美度都注意萬分，課後必重新整理。王瓊玲老師也得過早期的「雙溪文學獎」，歷史集刊被我偷了來，裡面名次並列的還有張曼娟、彭樹君、鹿憶鹿這些早已出名的學姊老師。

最後，終於被我翻出起初要找的集刊了。雙溪文學第十八屆，我是小說佳作，因當時時報文學主編鄭麗娥加一票而入圍決選，又因絕審會議中張國立性情中人拗性發作，堅持給滿第一名票數，因而勉強入佳作，妙的是張國立在會議中說：「我不是堅持這篇一定要第一名，但我知道另兩位評審品味，要是我不給足票數，這篇一定被踢下去。第一名我不堅持，我只堅持，這篇是該被討論。」（是的，我能得獎全因出自一個人給滿票數力挺。）當年畢竟年紀小，我刊登出來的得獎感言還不忘踐文：

「小說裡多少會有作者自身的投射，即便微乎其微。這是個相當壓縮的生命情境，隨著侷限的自我，一切早已沒有什麼好爭辯，因為，所謂弔詭只在文字中展示過去的歷史。」

文末除了感謝力挺我的張國立，還有愛我們的主。隔年，大四，我精神開始耗弱，無論思想或文字都不再無知性狂傲搞怪，只有靜靜的靜靜的疑問。疑問。我想為信仰、為我所

永遠深愛卻又投之以自身迷惶單薄的主而寫，〈十字架上的思念〉一氣呵成，毛說這是我的文章投一次能令她感動，評審們也無意辯爭地入之第二名。

這次我的得獎感言寫：

關於奉獻與存在，種種事物或行為的真實意義，有一天我發現自己的徹底地自以為是。膠著狀態不知將持續多久，但光明的依舊光明，永遠光明。因此我放棄摸索。關於軟弱，乃至於一切，我想感謝愛我們的主。

Ant 說，只有光能製造陰影，黑暗不能。那麼我的陰影是因為有光。一直有光。淡忘的不代表不珍惜，遺忘的不代表不存在，還沒痊癒的不代表永遠傷殘。光能令人長出翅膀，傷痕能孕育甜美。

我還是就著光，爬梳出溫習課文和筆記的時間，那些一口氣背下的八十首詩，總共兩百多首詩、一百首詞，還有我向來敷衍的《昭明文選》，光暈裡，在有限的溫暖裡。

—— 聯合新聞網

靜靜的生活

　　大江健三郎的《靜靜的生活》，我沒有讀完。反而是書名本身，或許被引用得太氾濫，商品符碼般必然性的內化於群眾印象。

　　週休二日的度日模式，婚後一年多來默默成形。老公終日埋首電腦桌前 K 線上遊戲。我上網，看書，看電視，睡覺。總是到了週日傍晚，天沉下來的時刻，朝落地窗往外一瞥，黑茫茫一片瞬間沉了我的心，開始鬧彆扭，生悶氣。

　　氣下去也沒搞頭。隔天打起精神去上班。天天遲到。週間五天早出晚歸。有時候定格寫稿，或許隨時一個突然的指令，就乖乖的去跑路，處理雜務。有時別人開會或公出，辦公室沒什麼人，跟主編扯淡。聊 Msn。上網。還有的片段時間，靜靜的在座位上看書或抄書。或者又生悶氣了。有時候生氣是因為被奚落，唉，人必自侮而後人恆侮之，誰叫我無厘頭白目，不是嘻皮笑臉就是傻呼呼。有時候過敏性心肌炎發作，不被重視的莫名其妙感覺，說了怕嫌不要臉、不說又內傷，無以為是的尷尬悽涼讓我想到，可憐之人、必有可恨之處。

　　通常靜下來的時候，腦子浮浮蕩蕩，私密性擔當自己小心眼的哀愁憂患。通常這個時候我都戴耳機，裡面關著小宇

宙，Tizzy Bac 總能給我快樂的勇氣；聽蘇打綠心情悠揚，陳綺貞是紓發。我不是樂迷，而像張惠菁自剖的，閱讀遠比聽歌重要，可是，靜靜的辦公室白晝生活裡，卻需要這些生命元素遠甚於文字，像泅泳的魚飽食終日，日復一日呆滯地吐息。身心相連，連溫克性也難以例外，心裡有病，閱讀也胃梗。隻字片語，浮光掠影，終究不成文，氣若游絲。

靜靜的生活。放空力氣，而又時時尋找著勇氣。

過於喧囂的書寫

在連續數日，下班回家都很悶很悶的狀態，我跌入週五晚間最深沉狹隘的臨界意義，發現自己很倦卻不能在老公枕邊就那樣睡去。既非一個尋常的週五夜晚，亦不具任何指標性。不清明也不癲狂。或許像是村上龍有個好到不行的書名，《到處存在的場合，到處不存在的我》，這樣的一句註腳，把表達不盡的話，選擇這樣說完掉。

此時我也不知道自己要寫些什麼。常常我都不知道自己要寫什麼。可是不能不擠點什麼。李欣頻說「不寫會死」，這麼有才華的人，辭溢於情是美德，是對文字執迷者的滿足照顧，《誠品副作用》、《廣告副作用》這種工作文案結集，固然不必經典化死盯拜讀，但卻是我工作場所的必要案頭書。

現在，我個人辦公區域放的都是工具書了。以前特喜歡放幾本心愛的文學書，工作情緒彆扭起來，就撇下工作很跩的抽來看。在公司心情差的時候，幾乎一定要看賴香吟的短篇小說〈翻譯者〉：女主角從事書面翻譯工作，緊閉雙唇，緘默的童年幻影若精靈又如夢魘，她手裡千篇一律做的其實不是「翻譯」而壓根是「再翻譯」，把 A 地語言翻譯成 B 地語言，但 A 地的文本又何嘗不是隔了又隔的加工語彙？書寫的歷史原溯於口耳相傳，耳語真幻不分，不只異國語言，即

便日常彙話、甚至未成形的心思意念，探其本質，都不過是層迭堆砌的翻譯工程。任你我嘔心瀝血，過盡千帆皆不是，說了又說，說到吐了繼續機械化啟闔乾枯雙唇，像《挪威的森林》的直子進療養院前突然的異常話多，說說哭哭又吐……為此我們何須喋碟？何不如小說主角裝啞緘默？

偏偏大多數我們沒本事裝啞緘默，反而喋喋不休自曝其短。很多時候我話太多，該發言時卻支吾其詞。

發生過口語障礙。多少也連帶到文字障礙了吧？我一直、或許是自不量力的，把書寫視為本命，卻無能到無法參定，甚至不肯努力。作者必須參定，耳聽八方而自有定見，冷盤素材烘焙成普魯斯特的馬德蓮娜，眾聲喧嘩算什麼？

可是我，試著去聽，卻總被風聲伴隨的寒冷刺痛。喧囂於我非煤材，而是向下拉扯的矛盾絕望。

我的書寫，總是過於喧囂。擾起來心神不寧，索性一股作氣屏絕掉，寫我的獨白內心戲 —— 那些沒有人會有興趣、管你什麼風花雪月強說愁的少女文藝腔 —— 我不是，我不是，我不是少女文藝腔，但心痛卻更加證明了自己沒材料。

之於生活和寫作，我是如此貧血堪憐可笑。即便我能輕易拿廚川白村的文藝論來困獸一擋：「文藝是苦悶的象徵」，或者拿西方悲劇理論來辯正文學藝術的純粹正統。事實上，至今我依然迷惑而做作而可笑。

最近極不景氣，風聲鶴唳，沒有人敢耍任性遞辭呈了。我乖乖地寫工作稿，敢怒不敢言地聽主編訓斥。最近重讀張惠菁幾本散文，怎麼讀都嘆服。唉，這位年輕貌美才氣驚人的女作家，愛丁堡留學回來，啼聲初試就一舉拿下好幾項文

學大獎，接著獲任南故宮館長，被人傳是靠美貌；至於這幾年南故宮弊案牽連，她曾被人詬病的美貌又能怎麼呢？從升起到下跌，她究竟又何辜呢？只可惜我們都還活著的人，無法像武則天那樣立無字碑。

回想起前幾年在公館金石堂裡餐廳採訪她的片刻時光。那時她剛拿幾座大獎，在公館附近的遠流出版當編輯，趁她中午休息時段，我們吃簡餐做採訪，患過十年甲狀腺亢進的她大眼微凸晶亮有神，纖瘦而潛藏活力，邊吃邊笑邊說話，眼裡迸發事事好奇的天真灼亮，好可愛的一個年輕女作家！我沒有帶她的書出來，居然就現場跑去金石堂重複購買《流浪到海綿城市》，匆匆給她簽名。

之後，她經歷了她的滄桑，我也不再天真如當年。

只是無論文壇地位穩固的她，還是摸索碰壁惶然的我，都依然在寫，無論寫出天堂還是地獄，無論開出一朵花，碎了細黃蕊。枝枒歷劫，垂垂朽矣，一點花苞還在冒。我們都並非不寫會死，但也正因如此，這是我們選擇的。無論如何徬徨歧路。無論已經地位如山的張惠菁，還是塵埃裡開出花的我。

俯就自己的塵埃，又驕傲又羞愧，又榮寵又迷惑。常常我心亂如麻。亂我心者，今日之日多煩憂。故此我繼續書寫，一無所是，又彷彿擁有一切。或許註定要這樣寫下去了，無論為人為己，無論亂我心者該橫去還是眷留，抽刀斷水還是舉杯澆愁，低一點，再低一點，我知道，我的花朵會從塵埃裡開出來。

預知奇蹟紀事

終於，平躺在凹弧柔曳的盆地上，聽風的歌。

身畔有花海，是漸漸漸漸生長綻放起來的。那種生長的速度與方式實在太零亂太魔幻了，急促綻出小小的花苞，驚鴻一點的絕豔後卻是顏色抽盡的蒼白之姿，偏偏又不凋零，就在那裡蒼白地、不死不生地、突兀地杵著；等到真的萎頓了，一睡就是好久好久，我以為，不會再生了。

錯亂嗎？當你在暈海的眩惑中感到飄浮、錯置，感知自己到處存在又到處不存在，或許會有一點點相信，所謂奇蹟。

例如，小巫妖點石成金。

小時候寄居台中外婆家，我喜歡對鄰居同伴炫耀台北的家是何等華美輝煌，尤其那席土黃地毯就像皇宮裡才會有的東西，然後，而再大點後我知道了，那個好漂亮的家不過是20坪的簡陋小公寓。台北的家附近有夜市，賣些什麼對我而言不太重要，開心的是跟爸爸一起晃一圈的感覺，那純樸的年代，年幼的我，年輕的爸爸，無憂的歲月。究竟是從什麼環節開始發生錯亂的？平躺在城市所不該有的花海中，我想要靜下心回想，可是未必靜得下來，有時風太沙太響，有時四周邊靜連呼吸聲都聽得見令人慌亂，有時天藍得令人暈眩，彷彿整個人都要捲雲般被漩渦狀吸進去，一秒間瀕死般

的窒息感後，發現自己恙然於城市中心，距邊陲尚遠。

　　微帶倉皇地確認一下自身的安全，這習慣還改不了。什麼時候開始這麼沒安全感？從高中險落榜？初戀分手？還是更早？到底我怕的是什麼？是怕失去了什麼人、錯過了什麼，還是怕失去控制？說到控制，這城市最慣於用鈴聲來控制人，像是早晨令人絕望的鬧鈴，無所不在的手機鈴聲。響鈴無所不在，而且往往是音樂式的，最厭惡連公司午休畢也有音樂鈴聲，提醒人要做事的造做輕快旋律簡直是反諷。

　　從小我就厭惡音樂鬧鐘，屬於我童年最大的台北印象，正是孤單午後對面人家的音樂鬧鐘聲，窄仄的方型房裡光影浮懸，恍神時或午睡後，不期然聽到那陣單調樂音我都會想哭，不像台中眷村的外婆家有一窩子花里胡哨的阿姨們和許多鄰居毛孩，可以一起在小巷裡奔跑、跳繩、跳房子，我害怕回台北。記得有次外婆抱著我去火車站跟爸爸會合，我一路交代外婆：「爸爸要把我接走的時候，妳不要放開我喔。」我完全相信疼我的外婆一定會照做，沒想到爸爸抱我過去時，外婆居然那麼輕巧地一送，我哭得淒天厲地。

　　更小的時候爸爸在軍中，每次媽媽隻身來台中看我，木門方啟，彷彿有光。不記得當時跟媽媽在一起都做些什麼事了，只記得我好快樂好快樂，媽媽的全身都是愛，我依依切切纏繞不已，媽媽走到哪我跟到哪，連她坐馬桶我都賴在膝上。天堂般的時光，為什麼總伴隨離別在即的惶然？媽媽答應我，她不走，於是我安心在她身邊睡著，醒來枕畔卻是空的，大驚地每間房去找，最後絕望痛哭。

　　（全世界都黑下來。）

　　幾番輪轉，我有了彷彿可以預知離別的直覺本能。

　　或者說，其實我並沒有。我什麼也沒有。我根本沒有預知什麼的什麼直覺什麼本能，因此只好時刻做好失去的準備，可我不甘，根本就不願失去，那麼只好，咬緊牙，長長久久，抓著死死緊緊的。全世界最慈愛的父母，不算豐裕卻也無虞的經濟環境，我擁有那麼良好的成長條件，大家都視我為該散發天使笑容的人，可我不是，於是又只好羞羞慚慚。

　　我，沒自信，不是個正面快樂的人，常常在討人喜歡，焦慮。

　　這年，天色尤其黯。

　　病情稍癒時我喜歡白天一個人出門，通常只走到巷口7-11，店員臉上的笑容彷彿能安慰什麼，我多羨慕他們的生氣，有能力為生活而運作。再走遠一點，捷運站附近是圈小繁華格局，有許多餐飲店和烘培坊，罹厭食症的我坐在麥當勞獨自吃蛋捲冰淇淋，舔一口心揪一下，剩一大半便充滿罪惡感地遮掩著棄置垃圾桶。

　　假日跟先生帶女兒出門，去的幾乎都是捷運一班可達的市區，無論餐廳、咖啡廳、服飾店、馬路，繁景無所不在。怎麼到處是「正常」的人呢？低頭喝拿鐵用筆電的男人，吃鬆餅聊天的少女，穿細肩帶連身裙的長髮美女有股冷冷的自信，攜家帶眷的歐巴桑則活力十足。掩身於他們之中，我何等自卑惶惑。

　　從路的這頭望回去，有一抹輕霧，綿幻溫柔得像冬晨的呵氣。

　　又快要年終了。

關於年終，我先看見三年前跟先生在住家頂樓看煙火，女兒在肚裡踢呢，「這是我們女兒第一次看煙火喔。」我說。煙火好遠，好迷你，從我們複沓的心眼看去，淒遙之態參差成了繁華的對照，可是，我能感受到腹中的女兒好像很快樂。小小人看小煙火，越單純，越容易滿足。

再往前一點。想起跟先生跨年夜去華納商圈看電影，散場時煙火已寂滅，懊嘆一聲迎接我們的便是 101 大樓環帶著名的人蟻推擠逃難似恐怖陣仗，宛如回歸兵荒馬亂的年代，在人陣中失散之可能性裡心中唯一的吶喊是搭上車，聽見旁人「讓我回家！」這種吼叫卻仍會噗哧笑出，然後莫名其妙地被推擠進小巷，發現有人索性站在 Coffee Shop 外好整以暇喝咖啡，喝呀好個人生，好個台北城！再往前，往前，有跟朋友在西門町度過的倒數時分，還有夜店流行之前已權威而立的 "Kiss" 舞廳也可以倒數，那時我們都還好年輕。

關於年終，你想許什麼願？

我的願望是，看見奇蹟。

在奇蹟發生以前，天色其實就會漸漸漸漸亮起來了，不信？讓我們一起回想過去，你我都必定曾有的無眠時光。打撈著心事，你我必定都曾無意識地凝望窗，你回想，天色不正是在不知不覺中，從滅絕的黑，到柔焦似的依稀曚曖，然後，薄糊趨於飽滿？無論必須捱上多少回合的輾轉如哽咽、輕得彷彿隨時會失去的鼻息與生死相許幾世幾劫的等候，皆如此然。也或許，你的經歷並非漸進式，是太沉溺而幡然發現天光賊亮了，那麼是不是也有一瞬間，哀感深長輕輕的一頓中體會，那停驛時的微顫幾近於救贖？

　　每個瞬間的救贖感，都包含一個完美無缺的幸福期，縱使遙遠如史前年代，也無須召魂，因為那個時期始終完整地在心中。暫且忘了或長或短的辛酸史吧，看，風在動，叢蕞深處是不是總有些什麼螢火蟲般發亮？屬於我的完美無缺幸福期，與那些關於離別的初體驗有什麼相關什麼重疊，我自己也糊里糊塗，只念茲在茲，有陣子媽媽一樣白天上班，暫時沒工作的爸爸則每天來幼稚園接我，一起吃飯、午睡，為我說同一個我指定要聽的故事，有次他擅改情節，我還生氣了。午睡時父女相擁黏得很緊很緊，「我們黏在一起。」爸爸說，當時我只覺得很好玩，渾不知那種擁抱感成了我永恆的支柱。

　　（能不能不要放手？）

　　冬季天闇得早，傍晚過後是我最不喜歡的時刻，起初總想狠狠抽逃，後來也只能接受了。想過一回關於奇蹟的神話，我回到客廳，望著爸爸在開放式廚房的一方光亮中沉默燒菜，他好老了，身影好疲憊，我想擁抱他卻難免羞澀，那麼，可不可以容我告訴他，會有奇蹟，儘管我還沒得到，甚至就連信念都不夠堅深？

　　最近常想到村上春樹《海邊的卡夫卡》主角，他希望一覺睡醒就成為全世界最堅強的 15 歲少年。我想向他致敬。

　　或許因為我明白，奇蹟是不會以我期待的那種方式發生了。

　　如果，除了光的來源，沒有一樣能確定，只願指縫間流動的明滅在心裡微小閃耀，即便留不住什麼。

　　—— 病中記。2013《幼獅文藝》（本篇為刊載前原文）

你這女子中，極美麗的

> 我良人對我說：我的佳偶，我的美人，起來，與我同
> 去！因為冬天已往，雨水已經止住過去了。地上百花
> 開放，百鳥鳴叫的時候已經來到；斑鳩的聲音在我們
> 境內也聽見了。無花果樹的果子漸漸成熟；葡萄樹開
> 花放香。我的佳偶，我的美人，起來，與我同去！
>
> ── 聖經．雅歌 2:10-12

　　親愛的主，我的天父，良人。你說的，我信，不二言。
你說寒冬已過，那便是過了。

　　依你呼喚，我揭開三月春帷，再不顧那經年如鯁在喉的
帶刺小徑。那是恐怕我再如何竭力也無法真正連根拔除的。
（你容許我用四季遍寒的逆風奮戰，在你化骨的柔情中明白
了這件事。）

　　是以我不再為抗病而活。我要漫舞在你造的甜燦繽紛
中，並俯身諦聽地心傳來的聲音，眾身說不出的沉默之心。
我要安枕於漫天花海，無際於世界邊陲的安全之央。等你，
捨君尊之姿，湊過來吻我。

　　金蜜的陽光好暖。帶露的葉尖好清澈。順著你手指的方

向，我看見的那片繁花潔白中染著青碧，大朵大朵翩躚共生，譜出精靈共舞的出塵搖曳。怎麼不是血色鮮麗的人間顏色呢？順著你手指的方向，我看見的美景如何出塵如夢。

許是你知道，幾近病癒的我，力氣未足，尚需幾許縹緲溫柔療癒吧。

此刻，一如之前無數個妖夢顛倒的晨昏不分，你在我身邊。此刻，你與我並立，疲累時有你堅碩的肩膀靠。你陪我看繁花林，純潔淺碧，白得並不精粹，而軟柔溫瀾。正是這個人間，儘管太美太像夢了，卻又確切真實的存在。

正如有時，罕有的，比看見的更真實。

即使這麼美的時刻，我亦深知，路還很長。病過的人，不會天真到以為病癒即終點，自此否極泰來。路的那頭，生、老、病、死，及無數分明我們一個個終將被推來擠去酸酸地嘗的所謂人生實難，或許還大有特有呢。無人可預測未來，而病痛教會了我放棄去試圖控制自己的不安全感、手中緊抓的擁有及不安。既然我們沒一個能預測未來，又何必預知災難？親愛的主，我不知道我將再經歷何種磨霍，只知，斯時，到永遠，你與我堅定並存。

一如之前妖夢難辨，你在我身邊。往後長路，你都會在我身邊。

骨肉血水滲透，如影隨形的愛。

那麼我記住了。無論還將經歷什麼。如果哪天我又暈去，如果一切都可能遺忘，求你保守，讓我唯獨，記住這件事。

Ps.最親愛的主，我想為你寫文謳歌，你卻說，刻在我心版那

愛的信箋你已經收到。彷彿你更希望我拾起已鏽的筆，見證光，見證病中的衰殘與因此而然的嫵媚。你毋寧我鼓勵人，即便僅只一絲的療癒力，有勝於無。

那麼，親愛的朋友們。容我告訴你們一個，關於大病得癒的故事。我知道大家都很忙。如果你稍駐足，我會很感恩很感恩。

一、

> 求你們給我葡萄乾增補我力，給我蘋果暢快我心，因我思愛成病。（雅歌 2:5）

大病之形成脈絡繁複，然大抵「思愛成病」。一如陽光空氣水，你我需要各種關於愛的流曳傾注方式。各種型態的愛，不同的變貌。或許不是一個人的愛，而是，從內在層疊岩層所滲出的近乎神聖滋潤之泉，淌之不盡，時時供應護衛你，比自己更貼近瞭解你，的那一種愛。

關於那些填不滿的空洞，無論有沒有人陪，都莫名、無名的孤寂。笑的時候心裡可能有酸，甚至藏著哭臉；披著「正常人」的外衣，起居作息如儀。你可能知道有洞，卻又惶惑不明那個洞究竟是什麼、究竟何以來？你知道必須負起生存的責任意志，內在支柱卻朽木般螻蟻暗竄，隨時可傾圮。你一寸寸被嚙咬。你想逃卻看不見出口。不知不覺你追趕自己，以為如此可防止那個洞破得更大，「暫時，只要這樣先保住就好。」喃喃自絮。

如斯衍生，不同路數的變貌。

一如我選擇倒退成極度愛美自戀的老少女，以耽溺作為拉長青春期的手段，半真半假的過度天真讓我過足嬌癡之癮，而人性的潘朵拉之盒誘使我不可自拔，自戀以致自私任性，甚至，連原始天父給我的柔軟心腸都逐漸冷硬。漸漸我只知道站在魔鏡前沾沾自喜，小小的瞳孔擴大了自以為是的美麗可愛。（我自認此外一無所有。但那魔鏡幻術，又是真相嗎？）

我也嗜文愛寫，但文如其人。自少夢想的文學殿堂、我曾天真熱情尊崇的文字使命，變相用作自嗨自爽的道具。（不願努力，便在小圈圈炫才。）

最終我一事無成。寫不出花，滿腦子想留住青春，依附人順手施捨的垂愛或隨口讚美而活，而那些真正固守在身邊的愛，我卻無感了。

討好性地扮演我那猥瑣可悲的小可愛，關於現實、生存問題，卻不可能自欺至無所認知；虛蕩蕩的惶惑感追逼我繞著同個方向轉尾巴，灰點黑點都混了。甜甜軟軟的綿花糖實僅一小塊易溶性細砂，偽笑僵化成呆滯魁儡布偶，再無美可言。我是那麼不甘心 —— 日復一日，漸趨極端，在某階段迅速質變 —— 我，成了重度厭食、憂鬱、焦慮症患者。

一度，每天每天，晨昏夢都是黑的。日日被恐懼感啃噬，神智不清。163公分，37公斤，飄到哪都引人迴避。

這。是。我。（是我嗎？我是誰？重度精神病患？鬼附身？我是人是鬼？）

打入極度自卑。明知瘦得醜惡如鬼還戰慄畏吃，真詭譎。

有一年幾乎不化妝打扮，只穿最破舊的衣服，邋遢自棄。經朋友在在鼓勵，以戰慄的枯手重拾妝鏡，卻每見每厭，多次想要狠狠砸毀鏡中折射出來的老朽，卻只能棄鏡而哭，恨死自己那麼醜怪病態。

至於先生呢？曾經公認幼稚快樂的一雙天兵夫婦，很長一段時間，為我的病，彼此痛苦不堪。日子，怎麼過？多次我驚懼問他，孩子般的他無知惶惑，只能試圖用笨拙的言語安慰我，我卻尖銳地怪他不懂得如何安慰、無能。到底一切是怎麼回事？無辜的他什麼也不懂，就這麼突如其然遭噩夢席捲，跟著我，日漸萎頓。

常常我們，手無寸鐵，摟著彼此脖子哭泣。

當時我們並未感受到，主在背後，用他大大大大溫暖厚實愛意深濃炙烈的手臂，圈住我們小小蜷曲的身體。

並且垂淚。溫熱淌過我們單薄的背，覆蓋，傾沒。隱密處守護。

他知道我們會靠他走過，哭，只因心疼。

一位本質充滿屬天喜樂的神，與我們同哀哭。

二、

「聽啊，是我良人的聲音；看哪！他躥山越嶺而來。」
（雅歌 2:8）

　　每天每天都要面對的「吃」令我驚懼不已，日日如臨大敵，焦慮昏沉，痛苦至極。瘋婦狀四處求援，有親厚者拒絕，有交情未深的好人願意傾聽、給我意見，但大抵愛莫能助。太狂亂了，恐慌罩頂，我什麼也不知道，只知道，再這樣下去，我必不能活。

　　於是，擺爛成性的我，有生以來第一次，如此努力，如此大力，搏鬥，甩出紙片人多困難才匍得住的那點全部重量。「只要病好，付出一切都不惜。」那是我魂不附體狀態下，貫穿全人的唯一意志。

　　首先，漂泊的基督徒，需要回到久違的教會。住家附近就有間社區型小教會，家家歌珊堂，引義聖經中的「歌珊地」，為神命定以色列人居住之地，國中的另一國，黑暗中的光明。在這裡，神派給我最有愛心、耐心的小組長永福哥，以及主任牧師麥哥，他們忙碌中每週撥時間與我們夫妻作個別輔導，一次次承擔時炸彈般令人避之不及的異常神經質、不斷發怪問題、強迫性討答案……持續一年，無不耐之色。

　　兩位是很特別的組合。麥哥特質公義堅毅，身為主任牧師，忙於堂務與照顧罹癌妻子，卻主動願意把許多時間花在我們身上。永福哥則是位時時慈眉善目的憨好人，但令人驚訝地，老實如他，常能在專注傾聽下，清明理出如霧迷思脈絡，以智慧的勸導令我諦悟。除了定點輔導聚會，每遇難關，他們即使剛從外縣市服事回來，也不惜一身疲累來探訪，印象中，只要開口，我們所需的援手無一次落空或耽延。

　　求諸專業方面，我找到一間「主愛心靈診所」，主持的吳佳憬醫生年輕挺拔笑咪咪，還身兼樂手，乍看難信其專業，

有很長時間我並不信任他，然而，日久而清，他的智慧與同理心超越許多老名醫，還曾在我溺水時擱淺手邊正趕的事務，專注拉我。

那裡帶給我最多實質幫助的是位基督徒臨床心理師，她為我釐清許多思考與心靈盲點。我沒工作，負擔不起一般諮商費用，她願意略收行情上不可能的低價，付出高品質諮商。我非常喜歡這位圓臉甜美心理師，她舉措謦笑令人如沐春風，每次諮商都為我禱告結尾。當我有明顯進步，她起身擁抱我很久很久，含淚帶笑，在她懷抱中，我嗅觸她貼近的氣息，耳畔縈繞她低迴呢喃的感恩。臨走前，還回探交代我一句：「回去要跟先生開香檳喔！」

比我年輕而單純如孩子的丈夫，則百般承受我病中的苛刻挑剔折磨。有次，又是為了非常荒誕的原因，我責怪他、大吵一架。（其實我一直暗怨他。我那麼需要一雙強而有力的臂膀，一個能覆蓋我的大丈夫，可他不是。）不料他在累積的情緒壓力下猛然失聲痛哭，很久很沉，我慌了。從交往到結婚十年，第一次見他如此，我倉皇失措要抱他，他卻縮成困獸不願我接近，還把稚齡女兒推出房門，獨自滅頂般哭號。

然而，奇蹟般地，哭完，他說他釋放了，「不知道為什麼，我現在心裡有一種很大的力量，從來沒有過這種感覺。」握緊我的手，這個孩子丈夫，帶著殘淚對我說，現在起他要好好讀聖經，才會長出能力幫助我。淚光中的他激動著，又要哭又要笑的，立即要為我禱告，瞬間重生變了個人般，一反過去結巴笨拙，禱告深長流利力量飽滿 —— 就從那次起，

他突然會禱告了，次次直抒胸臆、信心如達天廳。

每晚相偎在床牆大幅婚紗照下，牽手一起禱告。內容從祈求我病得醫治，到守望整個家庭老小，漸漸為更多人代禱。

我夢寐以求的，一個能覆蓋承擔我的丈夫，天父竟然就這樣給了我。

同時，天父他，自己是我的良人。讀雅歌書，如談最美的戀愛，一字一句甜釀豐美的情話，比涓流還深長，比髮絲更纖細，纏綿觸動我曾死去無感的每根神經。

天光中，他垂下釘痕的手，闔握我青筋遍布的枯乾十指，喁喁密語。掩卷，抬望眼，我看見最最強健高碩的大能良人，拯救的愛人，躦山越嶺而來。

躦山越嶺。那超越一切的身姿，克越一座座在我生命中橫亙難移的窮山惡嶺，以電光雷火的立誓，救我到底。

他策馬奔騰，呼嘯而來，一把攫我上前鞍。

將馳騁無數美境。

驚呼一聲，我重返，這個他所造、所顧惜的美麗人世。

三、

> 我的良人好像羚羊，或像小鹿。他站在我們牆壁後，
> 從窗戶往裡觀看，從窗櫺往裡窺探……求妳容我得見
> 妳的容貌，得聽妳的聲音；因為妳的聲音柔和，妳的
> 面貌秀美。（雅歌 2:9-14）

在讀到這段經文之前，有位信主久而敬虔的慈愛長輩，

帶我參加她教會的一對一內在醫治。靜室中，為我進行醫治者是以前不熟的男同事，一個經歷神而狂傲性格大幅翻轉的例子。眾所周知，他聰明、自我意識強，易受冒犯而大聲爭辯；後來，聽大家說，他整個變了。

我眼前是個穩重謙和的服事者。

這場內在醫治的方式是透過引導，試看內心圖像，聽主聲音。我看見自己蜷縮暗室，門扉虛掩，一線光絲射入，但好虛渺。再看過去，是耶穌在門口往內探我，喚我出來，出來……我戰慄著怎麼也不敢。圖像的最後，主自己走進來，一把抱我出暗室。

異象中，我像孩子般被主抱在手中，柔和陽光下，有沁涼微風，芳草鮮美，鳥鳴啁啾，清境如隔世。他抱我在手上，一樣一樣地指給我看：妳看，這是多香的花，這是多高的樹，這是……

（這是我造的世界，是我給妳安住的地方。）

不久後，讀到這段經文，無法不撼動：

他站在我們牆壁後，從窗戶往裡觀看，從窗櫺往裡窺探……

他凝注暗室中的我，柔情喚：

我的佳偶，我的美人，起來，與我同去！我的鴿子啊，妳在磐石穴中，在陡巖的隱密處。

求妳容我得見妳的容貌，得聽妳的聲音；因為妳的聲音

柔和，妳的面貌秀美。

我是如此自卑自覺醜陋，但我的神親口告訴我，我聲音柔和、面貌秀美。我是如此失敗，一個無工作能力的精神病患，而君尊之神卻不惜以求，求我出來，讓他好好端詳，細細愛戀。

那麼，我將不再為抗病而活。不是妥協投降，是認清了，我的生命不能就此卡住，無論病好不好，我都要生活下去，而且要靠主快樂地活。

夫妻二人都生活白癡，不懂事也不會安排生活。病前，他是電動宅男，我是活在自己世界裡的假文藝女，封閉而相安無事，女兒丟給家人帶；病後，無數個假日，我們除了在家看電視，只懂得出去亂晃，晃得心更暗。平日寂寞苦盼他放假，可放假呢？看、電、視。病後我其實根本心思流宕看不下電視，坐他旁邊乾枯等影片播完，無望地睡一覺，起來天色暗了，四寂鬱氣深濃。

到底是怎麼學會安排生活的呢？除了主的帶領之外，我根本想不出頭緒。

就是那樣不明契機點地，自從真正渴望要好好生活，我們漸漸知道可以去哪散心，彼此興趣開始多元而重合，總能收到想參加的展演活動資訊。我們最愛去聽小清新樂團演唱，也常能找出免費或只收飲料低銷的好場次；至於藝文講座，他這門外漢聽不懂卻願陪我去，睜著好奇的眼睛，有時倒也能津津入味。

假日帶女兒出去，風光靜好。望著她舔霜淇淋的模樣，

唇畔一圈白雪，甜得人都化了。難忘有一次，大老遠跑去沸揚揚的哆啦 A 夢展，排隊太長進不去，難免令人失望；可是，繞經國父紀念館進去散步，卻驚見廣場群鴿振翅，近距飛過我們面前。霎時驚豔，何其真實迫近的朝氣希望！

我們都被這樣的春天迷住了。

四、

> 我的佳偶，妳全然美麗，毫無瑕疵……我妹子，我新婦，妳的愛情何其美！妳的愛情比酒更美！妳膏油的香氣勝過一切香品！我新婦，妳的嘴唇滴蜜，好像蜂房滴蜜；妳的舌下有蜜，有奶。妳衣服的香氣如利巴嫩的香氣。（雅歌 4:7-11）

自戀自卑實一體。以前花枝招展洋洋得意，經厭食症，原本的纖瘦成嶙峋，飽滿蘋果肌塌陷鬆弛，我自顧自自卑自厭灑淚。

主卻視我，全然美麗，毫無瑕疵。

（真的嗎？不是哄我嗎？抑或情人眼裡出西施，實際上我很醜？）

如果沒有愛，美麗是海市蜃樓，讚美是虛言罐頭。

是主用深深深深、穿射宇宙光年的不朽之愛，雙手捧我出血水汙泥，告訴我，不怕了，從此我是他的了。他渾厚的手，細細膩膩拭淨我一身髒污，心滿意足地捧著我端詳，讚嘆地說，妳真美，真美。我不信，他也不急，只是堅定重述

著，如是，一遍遍訴說。

真的嗎？不是哄我嗎？但塵世間孰為真假？如露如電如光如影。有光的地方就有陰影。哪一面是真？

我信神就是愛。我堅信，神就是光，在他毫無黑暗。

自卑者，要去相信自己有美的成分，實需要勇氣。但我選擇信，我美，不僅美麗，且無瑕。儘管我確有諸多不足不美不好，但真實亮處在愛的那方。

我信，只因他如此說。

甚至有時，低迴在他的愛語中，片刻間，我驚覺自己美到令人害羞。關於我的一切，他如此珍重，無上君尊為我獻上的那點凡人有限愛情而迷醉，視我身上潔潤有蜜有奶，衣衫香氣幽邃。

五、

> 我的佳偶啊，妳美麗如得撒，秀美如耶路撒冷，威武如展開旌旗的軍隊。求妳掉轉妳的眼目不看我，因妳的眼目使我驚亂。（雅歌 6:4-5）

萬軍之耶和華，高居寶座調度萬有的神，情到濃時，竟求我掉轉眼目不看他，因我微弱的眼神足令他心蕩神馳，天上寶座為之撼動。

其實，向來我不希罕所謂無條件的愛。在以往的認知裡，無條件即無分別，所謂全然的包容，縱能遮掩我缺劣，但因從小備受保護，我不認為自己需要額外的寬限；所謂無條件

的愛，豈非更顯不出我特別之處？（那甜美溫暖的心理師，談到很後來，終於看見我盤根錯節的問題癥結：我需要的不是愛，而是被肯定。）

是以，我老大不小裝年輕，要人覺得我獨秀；產後迅速瘦身，要顯出我很厲害且永遠苗條；工作愛做不做撒撒嬌，其實並非人謂那種唯利圖輕鬆，而純粹是，我自知工作能力展現再強也不會讓主管重視，變態過來裝柔弱裝天真裝無能，反會得特別關愛 —— 如是體現：我是特別的。我明白當時的自己很討人厭，但我停不下在權位者面前刻意討喜的本能，邊沉溺邊不安，什麼時候我會被嫌膩而失去這份其實毫無好處的另眼相看？我太明白那實質是空的，是一無所有……

一切只因，我需要自己被視為特別的存在。使盡渾身解數，想儲蓄自信、抓緊虛幻的安全感，終竟成病。

深愛我的神，這位看似沉默的愛人，心疼很久，但只為我而忍住，直忍到最適當時，容我倒下，被推入他早已預備妥當的完善手術房。

大病一場，析心剖魂的手術徹底重整了我長年錯謬價值觀、走向腐爛的維生法則。死去重生看見愛。

確實，或許在別人眼裡，我沒有以前鮮亮可愛了。然而，在深沉超乎世間一切的深濃愛裡，我已被重新賦予價值。某方面，我，愈來愈美麗煥發。

因為我心中，有了無與倫比的寶貝，發著光。

我不再需要做作裝嬌癡，因為神說我是大能的女子。他說，我不僅美麗如得撒，秀美如耶路撒冷，而且，「威武如

同展開旌旗的軍隊」。

唯愛能使人放手繳械。穿上他的華美戰袍，放棄自我作戰。我終將成真正的女戰士。

「Hi，這個世界，我回來了。」

六、

> 求你將我放在心上如印記，帶在你臂上如戳記。因為愛情如死之堅強，嫉恨如陰間之殘忍；所發的電光是火焰的電光，是耶和華的烈焰。（雅歌 8:6）

死過的人，活著不會再只為自己。

之所以自我宣告為女戰士，是因，病過的人，能懂人心的危脆。我展開另一場作戰，深知是為什麼而戰而守護。

我不認為雨霽天晴便不再變天，更不認為憑己之力，我能真正去守護到什麼。更甚至我能預知，我大可能還會經常做錯事，甚至在無意間傷人。

然而，我的良人，已將我放在心上如印記，帶在臂上如戳記。愛情如死之堅強，縱如陰間的嫉恨，也不能絲毫扳動我良人緊握五指中任何一根。這個盟約，這份保守，許我去學習愛他、愛人，一次次跌倒再站起，犯錯後更堅定，更懂得如何守望他所鍾愛如我的每個人。

掏空的人，將能前所未有純潔。

終於我一無所有。挺著因厭食症後遺症而經常不適的身軀，不時纏綿病榻；毫無成就，甚至連基本工作也沒有。

　　彷彿失去了世界，卻得到生命。這個剔透生成的生命還在漸次綻放階段中，肌理覆蓋一顆懂護惜會感動的心，糅合清朗的笑與溫潤的淚 —— 遠比從小易感的天性，更容易為了一點美好、一小簇光而感動的心 —— 曾經我多痛惡自己的多愁善感，然而，正因受造時天父多置入幾條敏感神經，我得以，用更纖細的心靈切面，去體會更高價值的，神與人，其實無所不在的，愛與善意。

　　我多麼感謝這項禮物。

　　某方面早已變異的世界，難免有分裂的風聲呼嘯凌遲人心，漸漸我將學會，掩耳不讓惡寒颩傷 —— 全世界，我只認一種聲音。如果難免錯認，我的神，有能力以最低柔的聲音，從隱密處輕喚我，以強健臂膀拉我回來。

　　病中見證，獻給我主為情書。

　　相信如果，六千多字文，能有一句觸摸人心，愛我們的主，就會從高天處瞇著眼笑開，綻開一道月芽般的縫，縫隙之光有虹影流曳。

—— 2014 春・病後記

後　　記

　　「倒數年代」原本是我部落格名稱。這個部落格一直冷門，我不怎麼對人提起，自在地收錄自己文章，自覺有些林黛玉「瀟湘居」的疏淡情致。收錄的文章，從寫慣多年的散文到近一年才創作的詩，從聯合新聞網閱讀藝文的「劉曉頤書桌」專欄、零星得獎篇章，到報刊文章，不知不覺，也已十萬多字。

　　這些年，我從散文到詩，新婦到人母，小編輯到家庭主婦。經歷過一場重度憂鬱、厭食症，體重從 45 掉到 37，又回到 45。從驕縱任性到無以為繼，終於再回歸平穩。想起大學時得雙溪文學獎的散文〈十字架上的思念〉句子：

　　「夢中我們遇見天使。醒來時，發現依然彼此相愛。」

　　那篇文章，是好友Ｙ說，第一次被我的文章感動。我們在之前就是至交，已逾二十年。學生時期，她為我寫黑函出氣；甫要出版這本書時，她亦當仁不讓要為我作序，豈料後來只捎來一句：「放了我吧，我快累死了。」然而，我不會忘記，她為了我出書而昂然灼亮的眼睛。這麼多年，每逢我有好消息，她總是這樣振奮，就像發生在她自己身上。

　　原本敲定她要寫序時，我回想到 1999 跨世紀倒數時分，一起坐在台大醉月湖小橋階梯，輪流開口禱告來迎接人類史

上新紀元，她給我一封信，「今天在這個人類史上重大的日子，我們的友誼所標立的意義是遠超過跨世紀這字眼所能刻量的。」

米黃信箋上，她落拓的字跡，刻誌我們相交八年。「八年？」不久前我們一起為了這個年份而發出驚叫，原來當時，我們才認識八年啊！

彷如屈指一刻。

後來，除了乾坤詩社老師正偉哥（劉正偉）和亦師亦友的耀小張（張耀仁）作序，加入畫家好友小貼（郭訓成）。談到這本書的催生，必須鄭重感謝小貼。是他在還不算熟時，一個善良的初衷，逼使我整理出陸續發表的書稿；之後我再三蹉跎，也是因為他的「出招」而敲定出版，並且得以穿插他的美好畫作，為書增色。原本，我猶疑的無非是擔心自己作品不夠成熟，然而，漫長散文時期，即使只是一道挽留徒勞的手勢，也該有個微優揚弧度紀念了。

與頹唐的自己和解。像愛人一樣的愛自己。

此後，想好好寫詩。

去年轉而寫詩，大部分起因其實是，厭食症後遺症使我體弱難以久坐於電腦桌前，而寫詩，可以手持平板電腦窩著寫作。然而，這個蒼涼無奈的考量，卻使我迷戀上詩。

在我身邊，總是有許多天使，恩慈的主，使我屢次看似歷劫而不致墜毀。「妳是怎麼活到這年紀的？」這個問句不少人對我拋擲過，這指的固然是我過分迷糊、得過且過的個性，但無形中，也正好印證了我的信念：

「我們四面受敵，卻不被困住。心裡做難，卻不致失望。遭逼迫，卻不被丟棄。打倒了，卻不致死亡。」（聖經）

這本不成熟的結集，獻給主，和每個愛我，及我愛的人。